"十四五"职业教育国家规划教材

信息化教学技术

◎ 倪彤 许文静 张伟 著

清华大学出版社

北京

内 容 简 介

本书将目前主流的教育教学技术分成 PC 类和移动类，旨在帮助一线教师掌握简练、实用的教学技术，从而高效率、高质量地完成教学设计、教学实施和教学创新。全书由两大部分、八个项目、四十一个任务构成，每个任务的完成不仅有详细的操作方法，还有相应的数字学习资源支撑，实现了从课件制作到智慧教学的全覆盖。

本书可作为教师学习"互联网＋教学技术"的参考书，也可作为教师参加全国职业院校技能大赛教学能力比赛的技术手册。

图书在版编目（CIP）数据

信息化教学技术/倪彤，许文静，张伟著. —北京：清华大学出版社，2020.6（2023.12 重印）
ISBN 978-7-302-55030-3

Ⅰ.①信⋯　Ⅱ.①倪⋯ ②许⋯ ③张⋯　Ⅲ.①计算机辅助教学－教学研究　Ⅳ.①G434

中国版本图书馆 CIP 数据核字（2020）第 040721 号

责任编辑：王剑乔
封面设计：刘　键
责任校对：赵琳爽
责任印制：宋　林

出版发行：清华大学出版社
　　　网　　址：https://www.tup.com.cn，https://www.wqxuetang.com
　　　地　　址：北京清华大学学研大厦 A 座　　　　　　邮　　编：100084
　　　社 总 机：010-83470000　　　　　　　　　　　邮　　购：010-62786544
　　　投稿与读者服务：010-62776969，c-service@tup.tsinghua.edu.cn
　　　质量反馈：010-62772015，zhiliang@tup.tsinghua.edu.cn
印 装 者：三河市龙大印装有限公司
经　　销：全国新华书店
开　　本：185mm×260mm　　　印　　张：10.75　　　字　　数：225 千字
版　　次：2020 年 6 月第 1 版　　　　　　　　　　印　　次：2023 年 12 月第 4 次印刷
定　　价：59.00 元

产品编号：087101-02

前言

目前,推进教师、教材、教法"三教"改革已成为职业院校提升办学质量和人才培养质量的重要切入点。教师是教学改革的主体,教材是课程建设与教学内容改革的载体,教法(或教学模式)是改革的路径。然而这一切都离不开教育教学技术的支撑。学校也正在经历由技术主导教学向技术服务于教学的转变。缺乏技术的课堂是低效的、沉闷的课堂,这一观点已逐渐成为共识。教育教学技术极大地提高了劳动生产力,避免了教师在课件制作、版式编排、动画设置等方面消耗过多的精力和时间,从而可以使教师把主要精力放在教学内容的组织设计和创新创意上。

要跟上时代的发展变化,教师必须努力提升自己的信息技术素养,学会用信息技术解决教学中的问题,这样才不至于"落伍"和提前"被淘汰"。党的二十大报告明确指出:要深化教育领域综合改革,加强教材建设和管理,推进教育数字化,建设全民终身学习的学习型社会、学习型大国。本书旨在提升师生的数字素养,实施线上线下混合式教学,可作为软件与信息服务专业中高职(3+2)纵向贯通的专业核心课配套的融媒体教材,同时也是推进数字教育的技术手册。

(1)学为体,师为导。按照学生的学习习惯和认知规律来改变我们的教学,重塑教学生态,摈弃"教师中心主义""一言堂"的做法,在课堂上采用引导性讲解,做确定目标、讲授方法、推送资源的事,尊重学生的主体地位。

(2)重在应用,服务教学。充分应用已经掌握的教育教学技术促进教学,做到在日常教学活动中对其熟练操作、灵活运用。重构信息化环境下的教与学策略,用技术提高教师的工作效率和工作质量,帮助学生使用技术学会学习、自主学习、个性化学习。

（3）不断充电，终身学习。正所谓"吾生也有涯，而知也无涯"，天下之大，知识浩瀚，信息技术的发展日新月异。只有不断学习，才能获得新知，增强竞争力，跟上时代步伐。

为满足职业院校一线教师利用教育教学技术发展教学的需求，同时服务全国职业院校技能大赛教学能力比赛参赛需求，本书以"技术简、形态新、一体化"为编写原则，选用的信息技术可满足课前、课中和课后各环节教学需求，全书知识点和技能点均配套有相应的教学资源（书中相应位置的二维码可扫描观看视频），即扫即学，帮助教师熟练掌握技术要点并在教学实施中灵活运用。本书配有相应的在线开放课程。

本书由倪彤教授负责全书的统稿及第一部分项目一至项目四内容的编写及配套数字资源制作，许文静老师负责第一部分项目五和项目六以及第二部分项目一部分内容的编写及配套数字资源制作，张伟老师负责第二部分项目一部分内容和项目二内容的编写及配套数字资源制作，特此说明。

本书在线开放课程

作　者

2023 年 11 月

目录

第二部分　移　动　类

第一部分　PC 类

项目一

思维导图

任务一　幕布（Mubu）

一、任务导入

幕布

幕布（Mubu）是结构化的思维工具，它有 PC 版和移动版，该任务介绍 PC 版幕布。幕布可将分级的文字一键转换为思维导图，此外，还能进行多人协同工作，将绘制的思维导图导出为图片或分享成二维码和网址等。

二、任务实施

步　　骤	部 分 截 图
（1）输入网址：mubu.com，打开幕布工作界面。单击右上角的"登录/注册"按钮	幕布　　　　首页　高级版　下载　插件　新功能　帮助　登录 注册 极简大纲笔记|一键生成思维导图 幕布，不只是大纲笔记，更是一种思考方式 思维导图，超好用的思维辅助工具

续表

步 骤	部 分 截 图
（2）出现如图所示画面，使用"微信"扫一扫，快速登录幕布	**幕布** 手机号 验证码　　　　获取验证码 登录／注册 密码登录 使用第三方账号快速登录 领取高级版
（3）单击"新建"→"新建文档"按钮，开始创建一个幕布文档。 先输入 ROOT 标题"幕布的使用"，然后逐行输入其他内容	e 上网导航·轻快上网 从这里开始　幕布的使用 - 幕布　× ☆ 幕布 https://mubu.com/doc3LpwM17xa9 幕布的使用　　已保存 **幕布的使用** • 基本操作: • Tab: • Shift+Tab:
（4）鼠标指向文字之前的符号"·"，出现下拉菜单，可在其中选择"添加图片"操作	● 分享 完成 编辑描述 添加图片 导出 删除 H1　H2　H3　正文

步　　骤	部 分 截 图
（5）单击"邀请协作"按钮，打开"邀请协作者"对话框，可对多人协作的文档分配管理员、编辑者、阅读者权限	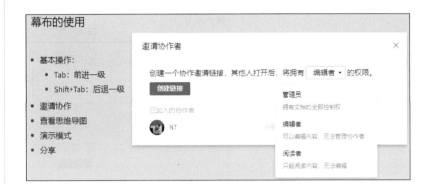
（6）单击"查看思维导图"按钮，可一键生成思维导图，并可设定思维导图的外观样式，还可将思维导图导出成图片	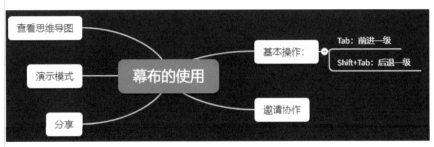
（7）单击"演示模式"按钮，可以文档形式演示思维导图	幕布的使用 • 基本操作： 　• Tab：前进一级 　• Shift+Tab：后退一级 • 邀请协作 • 查看思维导图 • 演示模式 • 分享

续表

步　骤	部　分　截　图
（8）单击"分享"按钮，可将思维导图分享成二维码或网址	

三、任务总结

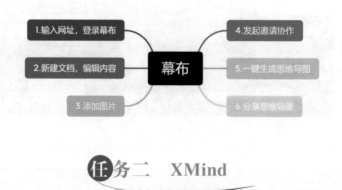

任务二　XMind

一、任务导入

　　XMind 的思维导图结构包含一个中心主题和若干个分支主题，从中心主题向外辐射（见图 1-1）。除了基本的思维导图结构外，XMind 还提供组织结构图，如树状图、逻辑图、鱼骨图、甘特图等。

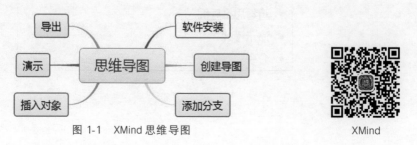

图 1-1　XMind 思维导图

XMind

XMind 的头脑风暴模式允许用户在创意工厂里按组分类灵感,建立一个无压力的场景,让用户全心全意关注脑海中闪烁的思维火花。

二、任务实施

步　　骤	部 分 截 图
（1）双击 XMind 安装目录中的 XMind8 Update8. exe 文件,开始 XMind 8 应用程序的安装	
（2）安装完毕,双击桌面上的 XMind 8 应用程序图标,打开相应的思维导图软件	
（3）单击屏幕中间的"新建空白图"按钮,进入思维导图"中心主题"的编辑	
（4）思维导图编辑常用的快捷键,如右图所示	

续表

步　　骤	部　分　截　图
（5）选中某一个分支主题，右击，在弹出的菜单中选择"插入"命令，可依次插入图标、图片、链接、音频、附件等	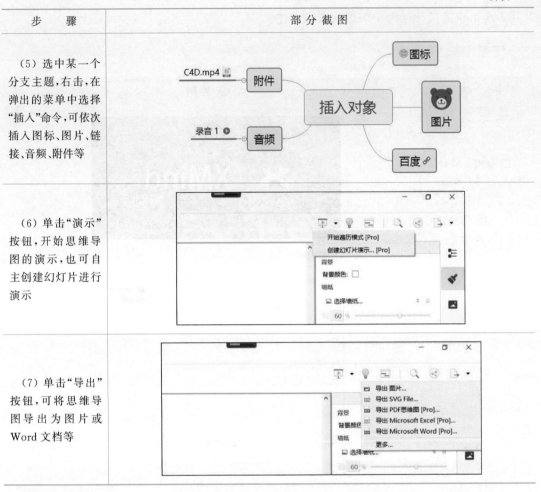
（6）单击"演示"按钮，开始思维导图的演示，也可自主创建幻灯片进行演示	
（7）单击"导出"按钮，可将思维导图导出为图片或Word文档等	

三、任务拓展

用思维导图进行鱼骨图制作。

步　　骤	部　分　截　图
（1）单击"显示主页"按钮，打开"模板"页选择界面	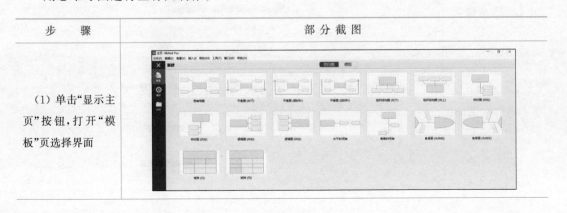

步　骤	部 分 截 图
（2）单击鱼骨图（头向右）按钮，打开鱼骨图"选择风格"界面，再单击"新建"按钮，进入鱼骨图设计	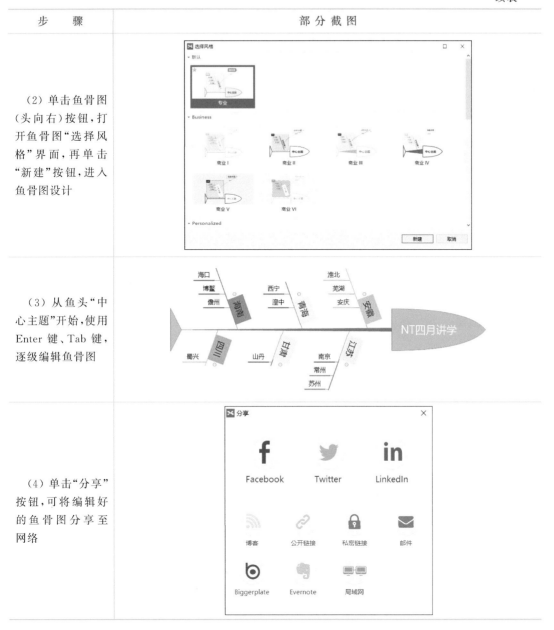
（3）从鱼头"中心主题"开始，使用Enter键、Tab键，逐级编辑鱼骨图	
（4）单击"分享"按钮，可将编辑好的鱼骨图分享至网络	

四、任务总结

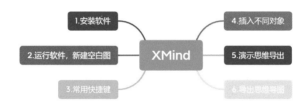

项目 二

PPT 插件

所谓 PPT 插件，就是依据 PowerPoint 业界标准，以第三方插件的形式在其上添加功能菜单，对 PowerPoint 的功能进行扩展，以方便用户使用。

例如，雨课堂、101 教育 PPT、口袋动画、iSlide 等都属于 PPT 插件。

任务一　口袋动画

一、任务导入

口袋动画（Pocket Animation，PA）是一款方便实用、功能丰富的 PPT 插件，集文档创作、图形设计、智能动画等众多功能于一身。

口袋动画

二、任务实施

步　骤	部 分 截 图
（1）双击 PA 安装文件，进行插件的安装，安装成功后，PPT 的菜单栏上将会出现"口袋动画 PA"菜单项	金山安全套装　　　　　　　　　　　　　　— ✕ **PPT创作神器** 美化大师&口袋动画 极速安装 　　　　　　　　　　　　　　　自定义安装 ▼

步　　骤	部 分 截 图
（2）单击"一键换装"按钮，可对 PPT 进行魔法换装	
（3）单击"模板库"按钮，可对 PPT 进行一键模板设置	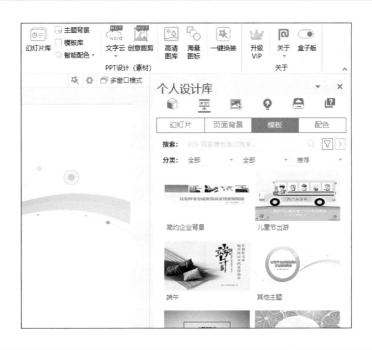

续表

步　　骤	部 分 截 图
（4）单击"高清图库"或"海量图标"按钮，打开相应的功能面板，可将选定的图片、图标或 PNG 图插入到当前幻灯片	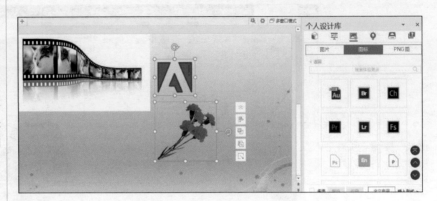
（5）单击"超级动画库"按钮，打开相应的功能面板，可对选定的文本、图片对象设置各类动画	

三、任务拓展

使用口袋动画 PA 录制对象动画。

步　　骤	部 分 截 图
（1）单击"海量图标"按钮，插入一个 Adobe 图标至 PPT	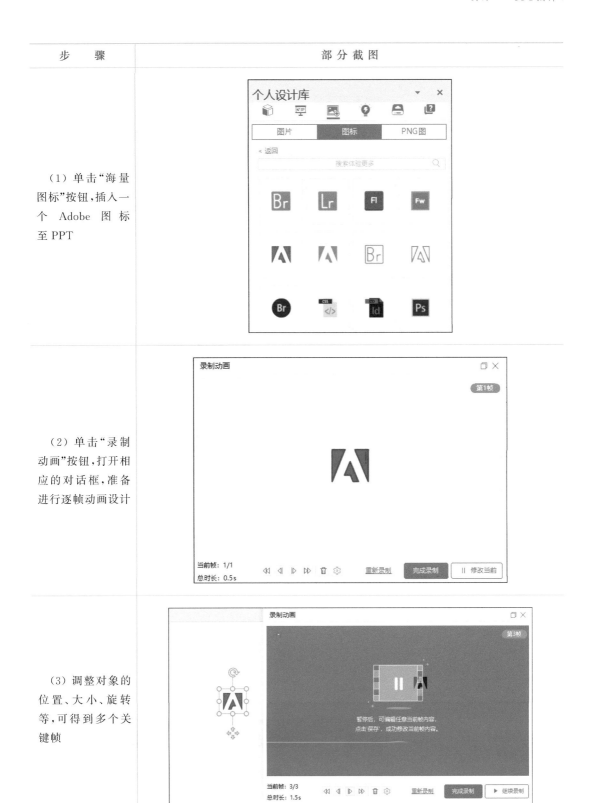
（2）单击"录制动画"按钮，打开相应的对话框，准备进行逐帧动画设计	
（3）调整对象的位置、大小、旋转等，可得到多个关键帧	

续表

步　　骤	部 分 截 图
（4）单击"完成录制"按钮,结束对象的动画效果录制。 单击"预览"按钮,查看动画,单击"返回修改"按钮,可对已完成的动画进行修改	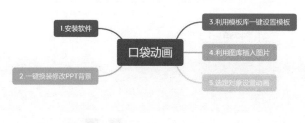

四、任务总结

任务二　OneKeyTools

一、任务导入

OneKeyTools 插件(简称 OK 插件)主要用于 PPT 的平面设计辅助,如分割图片、批量复制图形、批量填充图片、做三折页图和极坐标图等。

OK 插件

二、任务实施

步　　骤	部 分 截 图
（1）双击 OneKeyTools 安装文件,进行插件的安装,安装成功后,PPT 的菜单栏上会出现"OneKey 8"菜单项	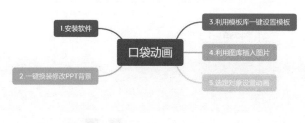

步　骤	部 分 截 图
（2）在 PPT 中插入一张图片,单击"颜色组"→"OK神框"按钮,再选择"图片分割"命令	
（3）输入"3 3"后按 Enter 键,可将图片分割成九块	

信息化教学技术

续表

步　骤	部　分　截　图
（4）选中整张图片，适当缩小，得到如右图所示的效果	

三、任务拓展

步　骤	部　分　截　图
（1）在 PPT 中插入一张图片，再复制一份并将两张图片对齐。右击图片，在弹出的下拉菜单中选择"调整转换"→"水平翻转"命令	

续表

步　　骤	部 分 截 图
（2）选定两张图片，按 Ctrl＋G 组合键将其组合	
（3）选择"图片组"→"一键特效"→"图片极坐标"命令	
（4）最终完成效果，如右图所示	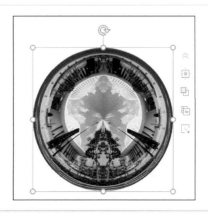

四、任务总结

任务三　iSlide

iSlide

一、任务导入

iSlide 是一款基于 PowerPoint 的插件,包含 38 个设计辅助功能,8 大在线资源库,超过 20 万张专业 PPT 素材。

二、任务实施

步　骤	部 分 截 图
（1）iSlide 插件安装成功后,在 PPT 菜单栏上就会出现 iSlide 插件,如右图所示	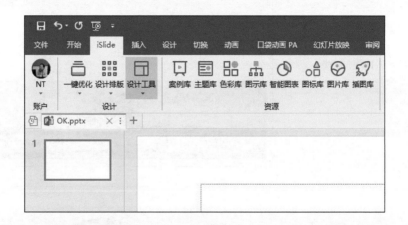
（2）在 PPT 中插入一组大小不等的图片	

步　骤	部　分　截　图
（3）在 iSlide 菜单中，单击"设计排版"→"裁剪图片"按钮，打开相应的对话框	
（4）输入裁剪后的图片宽度、高度值，再单击"裁剪"按钮，即可将这一批图片裁剪成相同的大小	

三、任务总结

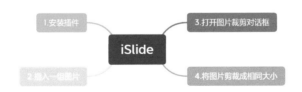

任务四　101 教育 PPT

一、任务导入

101 教育 PPT 是一款集备课和授课一体化的教学软件，提供 PPT 课件制作与教学所需的海量资源、互动工具和学科工具等，具有多元化功能，可辅助教师实现轻松备课、高效授课。

101 教育 PPT

二、任务实施

步　　骤	部 分 截 图
（1）启动 101 教育 PPT，出现如右图所示界面	
（2）可从最右侧导航栏中选择并设置"PPT 主题"	

步　骤	部　分　截　图
（3）可从右侧导航栏中选择并设置"学科工具"	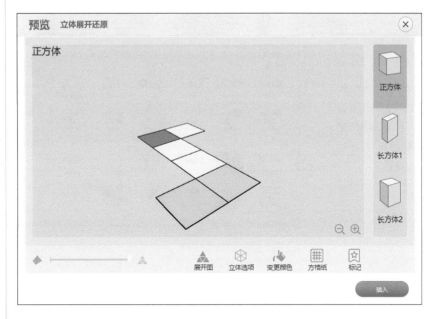
（4）单击"连接手机"按钮，再打开手机端的 101 教育 PPT，单击"连接电脑"，即可将手机变成遥控器，用于控屏操作	

三、任务拓展

步　　骤	部 分 截 图
（1）启动 101 教育 PPT，单击界面第一行上的"新建习题"按钮，打开相应的对话框	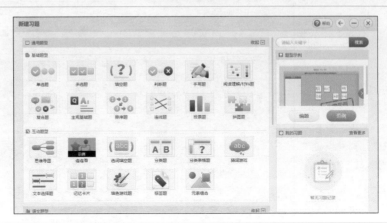
（2）在"互动题型"中选择"选词填空题"	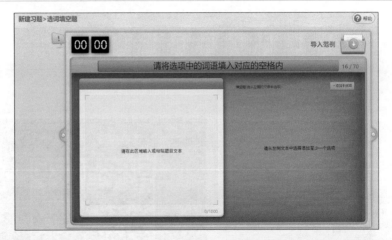
（3）在左侧编辑好题目，选定一个词语作为答案，然后在右侧增添一些干扰项，完成选词填空题的编辑	

步　骤	部 分 截 图
（4）单击"预览"按钮，可显示习题，至此完成交互式习题的制作	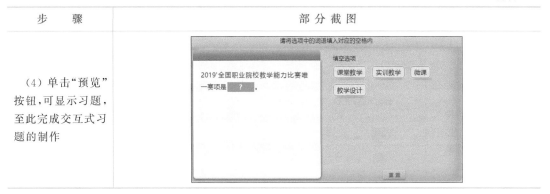

四、任务总结

任务五　雨课堂

一、任务导入

雨课堂是一款智慧教学工具，它将 PPT、MOOC、微信融为一体，整合课前推送、实时答题、多屏互动、答疑弹幕及学生数据分析等功能。课程开始后会自动生成本堂课的二维码，学生通过微信扫描二维码进班，可保存课件及回顾课程。

雨课堂

二、任务实施

步　骤	部 分 截 图
（1）安装成功后，雨课堂以功能菜单栏形式出现在 PPT 上，如右图所示	

续表

步　骤	部　分　截　图
（2）在 PPT 中可编辑习题。右图是制作"单选题"的截图	
（3）单击"微信扫一扫"按钮,输入手机上的验证码,完成用户登录	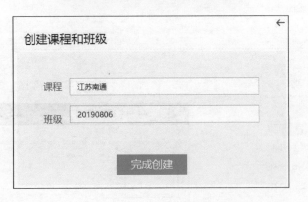
（4）输入课程名称和班级名称,完成课程和班级的创建	

步　　骤	部 分 截 图
（5）选定课程和班级，再单击"开启授课"按钮，进入下一个环节	
（6）待学生扫码进入班级后，再单击"开始上课"按钮，正式进入班级授课	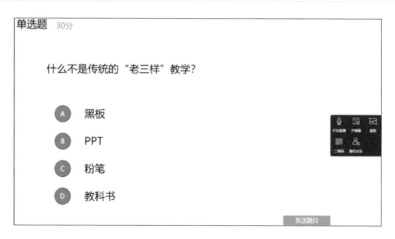
（7）到达习题页面，再单击"发送题目"按钮，可将习题发送至学生的移动端	

续表

步　　骤	部　分　截　图
（8）设定好每道题的答题时间,学生端均会收到习题并开始作答	
（9）学习完毕,教师单击"结束本次授课"按钮,学生端均退出,完成授课	

三、任务拓展

步　　骤	部　分　截　图
（1）这是雨课堂在教师手机端的显示画面,此时的手机变身为遥控器	

续表

步 骤	部 分 截 图
（2）点击进入课堂后，手机端将显示雨课堂的使用情况，如课堂参与人数、学生数据等	
（3）此外，手机端还将显示习题数据、课件数据等	

四、任务总结

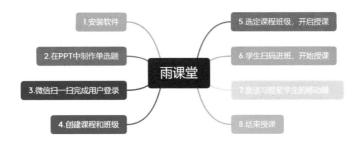

项目三

新课件制作

任务一　Focusky 动画演示大师

一、任务导入

Focusky 是一款免费、高效的 PPT 演示动画制作软件，使用方便、操作简单。可实现 3D 无限缩放/旋转/移动等切换方式，使演示更加生动有趣、专业高效。

通过网址 http://www.focusky.com.cn/可下载 Focusky 软件。

Focusky（一）　　Focusky（二）

二、任务实施

步　骤	部　分　截　图
（1）双击"Focusky 动画演示大师"按钮，开始运行程序	

续表

步　　骤	部　分　截　图
（2）单击"新建空白项目"按钮,打开对话框,再单击"创建"按钮,进入项目的编辑画面	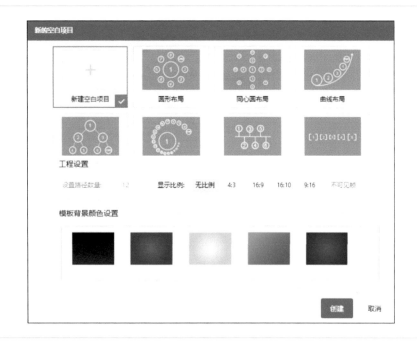
（3）单击"背景"按钮,选择一张"图片"作为画布的背景	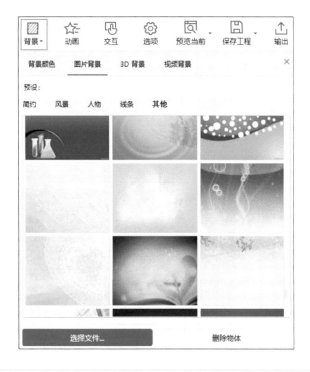

续表

步　　骤	部 分 截 图
（4）单击"添加当前视口到路径"按钮,在路径上创建一个帧(一页幻灯片)	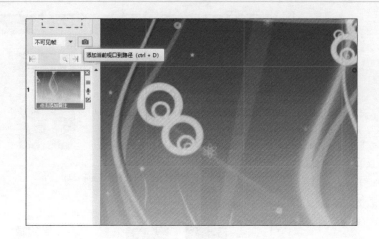
（5）单击左上方的"＋"按钮,在路径上创建其他帧	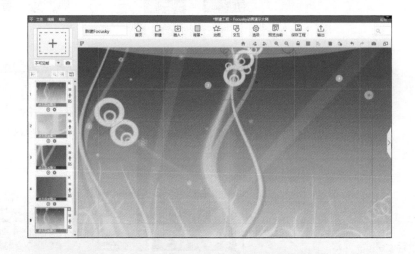
（6）单击"文本"按钮,可输入文本,并可在右侧的功能面板上设置文本样式	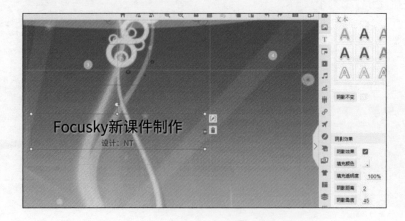

步　骤	部　分　截　图
（7）单击"图片"按钮，可插入库中或本地的图片，并可在右侧的功能面板上设置图片样式	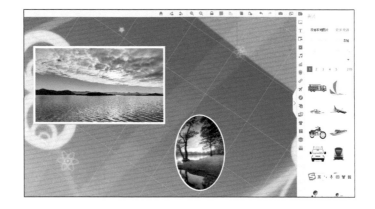
（8）单击"音乐"按钮，可添加音乐、录音、声音合成等，并可在右侧的功能面板上设置音乐的属性	
（9）单击"视频"按钮，可添加本地、屏幕录制和网络视频，并可在右侧的功能面板上设置视频的属性	

三、任务拓展

在 Focusky 中完成对象的插入后，我们可以进一步设置对象的动画、播放、语音旁白等属性。

步　　骤	部　分　截　图
（1）单击"动画"按钮，进入帧动画设置，分别选定对象，单击"添加动画"按钮，在弹出的"选择一个动画效果"对话框中可为对象指定一种动画效果	
（2）在右侧的"添加动画"功能面板中可对动画属性做进一步的设置	

续表

步　骤	部 分 截 图
（3）单击"预览当前"按钮，从当前路径开展预览各帧动画等设置情况，同时屏幕下方出现导航栏，可前后翻页以及设置手动、自动播放模式等	
（4）单击左侧帧上的"添加声音跟字幕"按钮，可对每个帧添加语音旁白	
（5）单击左侧帧上的"更多设置"按钮，可设定第 1 帧的停留时间	

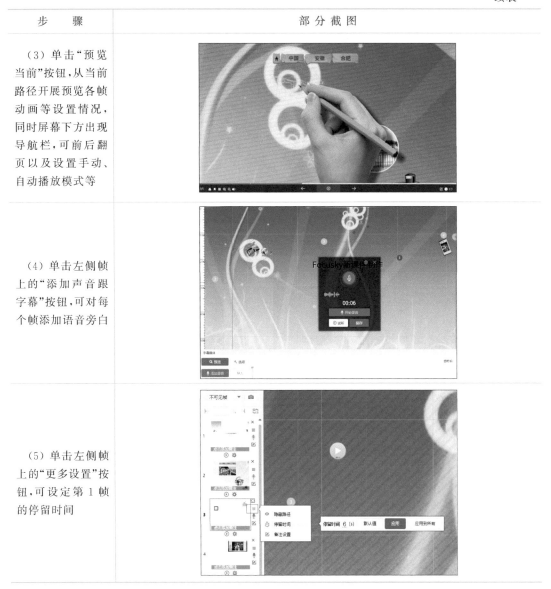

四、任务总结

任务二 希沃白板 5

一、任务导入

希沃白板是一款互动教学工具,只需简单操作就能让知识点跃然呈现,它自带多种工具和动画,游戏化教学,可提高学生的注意力和参与度,实现课件随身带。

希沃白板 5

二、任务实施

步 骤	部 分 截 图
(1)启动希沃白板 5,单击"新建课件"按钮,打开希沃云课件"模板"页选择界面	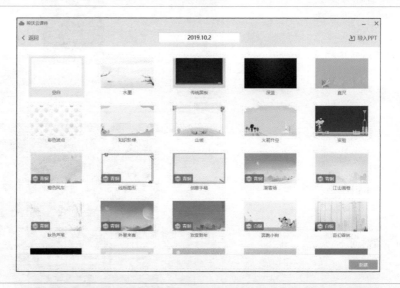
(2)选定一个模板,单击"创建"按钮,进入云课件制作	

步　　骤	部 分 截 图
（3）使用文本、形状、图片制作的页面	
（4）单击"多媒体"按钮，可插入音视频，在右侧面板中可设置"音视频"属性	
（5）单击"表格"按钮，可插入二维表格，在右侧面板中可设置"表格"属性	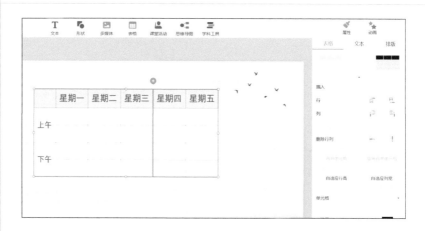

续表

步　　骤	部　分　截　图
（6）单击"课堂活动"按钮，可打开相应的对话框，其中包括选词填空、判断对错等精彩课堂互动环节	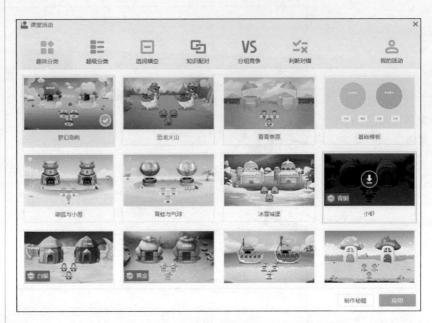
（7）以"拖拽游戏"为例，单击"选词填空"按钮，可打开相应的对话框，输入题干后，即可进行拖拽游戏	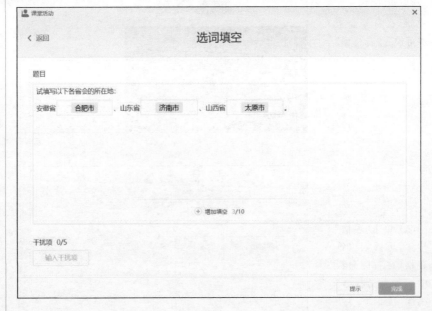

续表

步　骤	部 分 截 图
（8）习题制作好后，单击"开始授课"按钮，可进入拖拽游戏的互动环节，完成各项的填空后，单击"检查答案"按钮，可进行自动批改	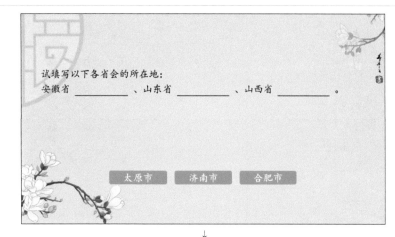 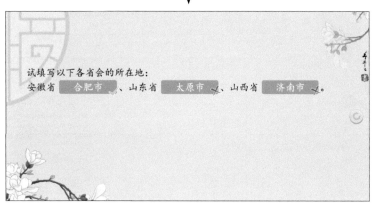

三、任务拓展

思维导图和语、数、英等"学科工具"也被整合到了希沃白板 5 中。

步　骤	部 分 截 图
（1）单击"思维导图"按钮，可插入多级思维导图于当前页面中	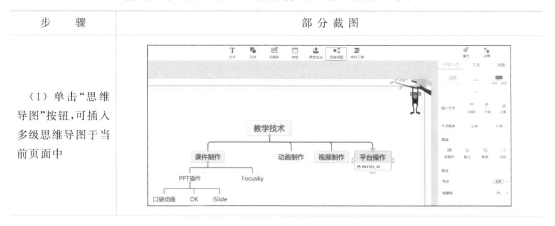

续表

步　骤	部 分 截 图
（2）"学科工具"功能面板包含了语文、数学、英语、物理、化学等多种备课工具	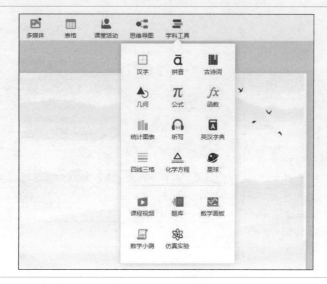
（3）以"数学面板"中"解方程以及画函数图像"为例	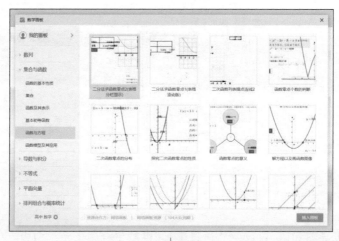 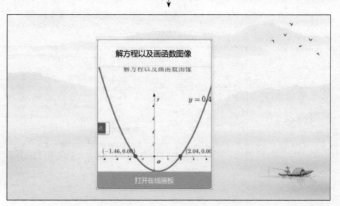

续表

步　　骤	部 分 截 图
（4）在"开始授课"之后,可观察到二次项、一次项和0次项的系数对函数曲线产生的直观影响	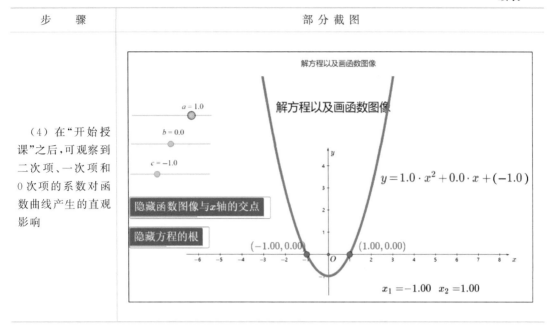

四、任务总结

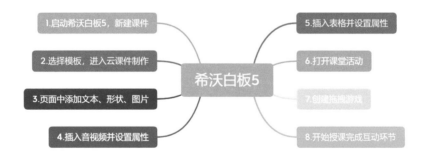

项目四

动画制作

任务一　卡通版——Yoya

一、任务导入

优芽(Yoya)是一款基于网络的交互式动画制作平台,具有操作界面简单、创作流程便捷和情境搭建可视化等特点,同时配有海量场景、角色、道具、音效等资源,可帮助用户轻松制作情境动画影片。

卡通版——Yoya

二、任务实施

步　骤	部 分 截 图
（1）输入网址：yoya.com,再用微信扫一扫,登录"我的优芽"	

步　骤	部　分　截　图
（2）单击"新建影片"按钮，再单击"空白创建"按钮，开始进入新影片创建环节	
（3）单击"设置场景大小"按钮，将场景设置成 16∶9 高清场景	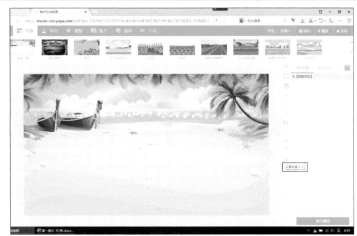
（4）单击"新增角色"按钮，可将选定的角色人物添加至场景	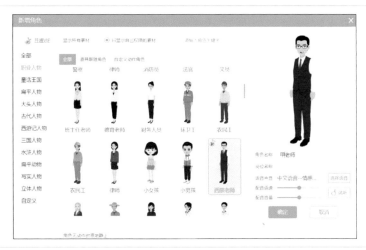

步　　骤	部　分　截　图
（5）选定角色人物，再单击"动作"按钮，可设定角色的"走路""话说"等动作属性	
（6）选定角色人物，在打开的"说话"对话框中输入文本，即可实现自动发声	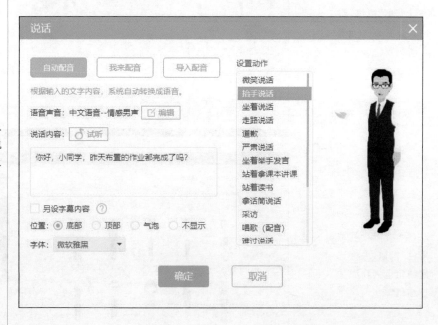

步 骤	部 分 截 图
（7）在右侧的"动作列表"中显示了已经设定好的动作序列	
（8）单击"播放"按钮，开始动画影片的预览	
（9）单击"导出"按钮，可将动画影片以 H5 格式或本地 exe 格式的视频文件导出	

三、任务拓展

优芽中可以嵌入普通试题或游戏试题等环节,大大提高了课堂的活跃度。

步　　骤	部　分　截　图
（1）复制场景,更换背景图片,再删除"动作列表"的内容,调整两个角色初始的位置	
（2）以连线题为例,单击"互动"标签下的"连线题"按钮,开始创建互动习题	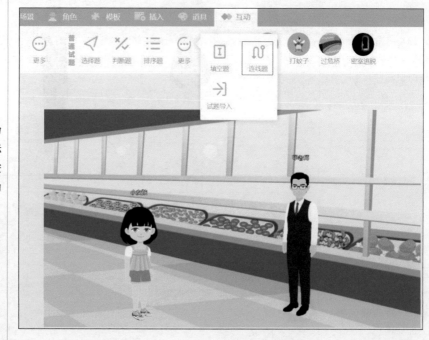

续表

步　　骤	部 分 截 图
（3）设置题干、习题及答题背景等	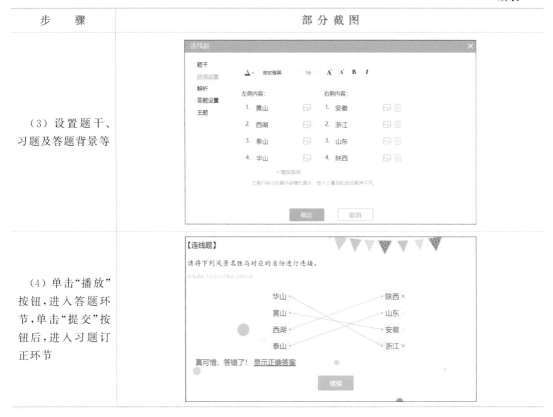
（4）单击"播放"按钮，进入答题环节，单击"提交"按钮后，进入习题订正环节	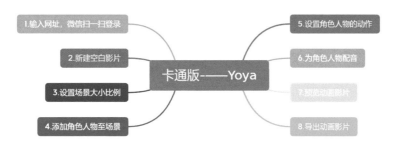

四、任务总结

任务二　基础手绘版——Easy Sketch Pro 3

一、任务导入

Easy Sketch Pro 3 是一款极易上手的手绘动画制作软件，可方便地输出 MP4 格式的视频文件。

基础手绘版——
Easy Sketch Pro 3

二、任务实施

步　　骤	部 分 截 图
（1）双击 Easy Sketch Pro 3 按钮，打开软件操作界面	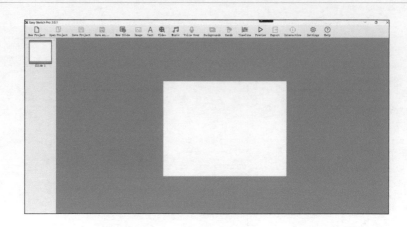
（2）单击 Settings 按钮，打开画布设置对话框，选择 1280×720	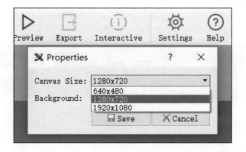
（3）单击 Background 按钮，打开背景设置对话框，选择 1280×720	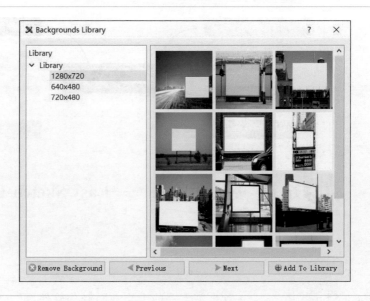

续表

步　骤	部　分　截　图
（4）设置好画布和背景之后的操作界面，如右图所示	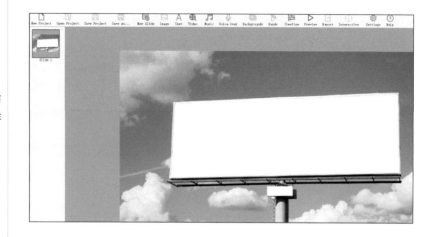
（5）单击 Text 和 Image 按钮，插入文字和图片，并调整好对象的位置	
（6）单击 New Slide 按钮，插入第二页，再次插入文字和图片，并调整好对象的位置	

续表

步　　骤	部　分　截　图
（7）单击 Music 按钮，可对影片添加背景音乐	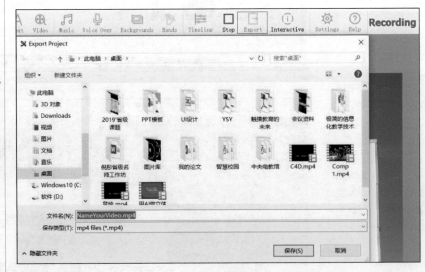
（8）单击 Voice Over 按钮，可对影片添加语音旁白	
（9）单击 Preview 按钮，可对制作的视频进行预览。 　　单击 Export 按钮，可将影片输出成 MP4 格式的视频文件	

三、任务拓展

此处,我们将对 Easy Sketch Pro 3 的功能做进一步的探索。

步　骤	部　分　截　图
(1) 双击画布中的对象,选中;再右击,会弹出一个下拉式功能菜单	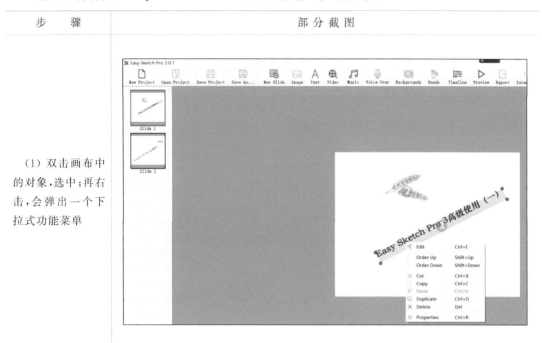
(2) 选择 Properties 选项,可设置对象的动画时长、停留时间等	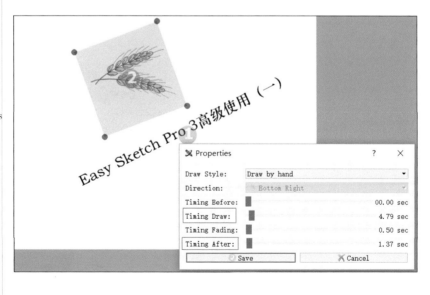

续表

步　骤	部　分　截　图
（3）选择 Properties 选项，还可设置对象动画的样式、运动的方向	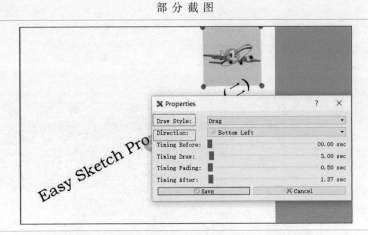
（4）单击 Timeline （时间轴）按钮，可单独预览选定对象的动画效果	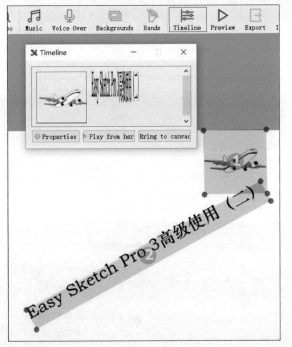

四、任务总结

任务三 高级手绘版——VideoScribe

一、任务导入

VideoScribe 是一款类似于绘画板的软件,使用简单,操作灵活,具有强大的模块库,可输入中文和英文,添加背景音乐、语音旁白等,较 Easy Sketch Pro 3 手绘动画功能更胜一筹。

高级手绘版——　　高级手绘版——
VideoScribe(一)　VideoScribe(二)

二、任务实施

步　骤	部　分　截　图
（1） VideoScribe 软件的启动界面,单击"＋"按钮可创建一个新的视频文件	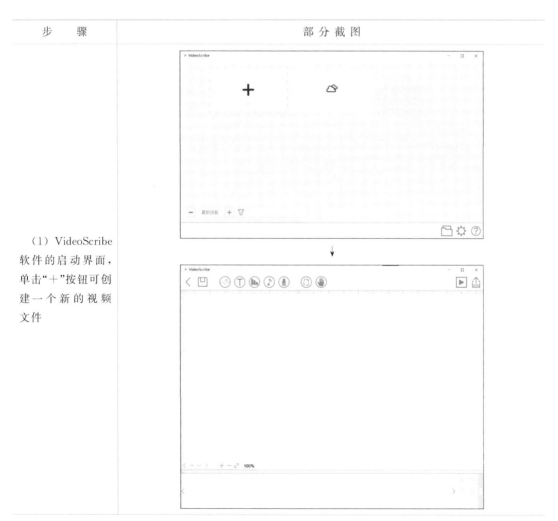

步　骤	部　分　截　图

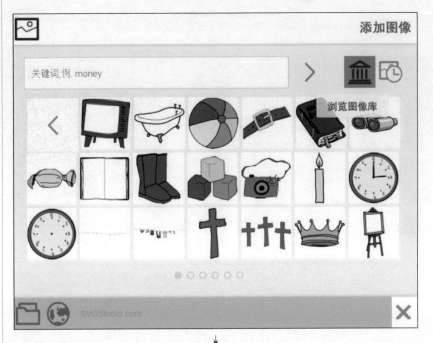

（2）单击"添加图像"按钮并单击"浏览图像库"按钮，可添加一个图片对象到当前画布

↓

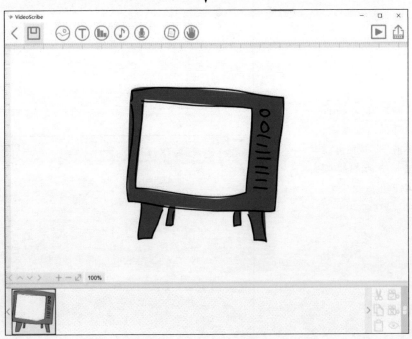

步　　骤	部 分 截 图
（3）设置好对象的动画绘制时间，再单击"设置镜头位置"按钮，完成第1帧动画设置	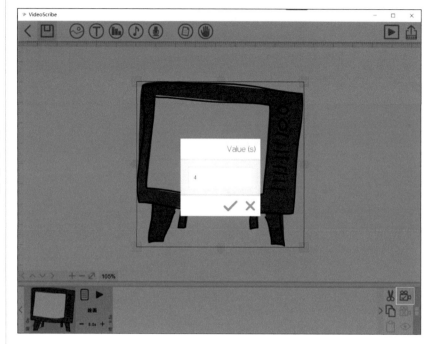
（4）继续添加图像，再单击"改变该对象的属性"按钮，可设置对象的动画时间和暂停时间。 　　单击"设置镜头位置"按钮，完成第2帧动画的设置	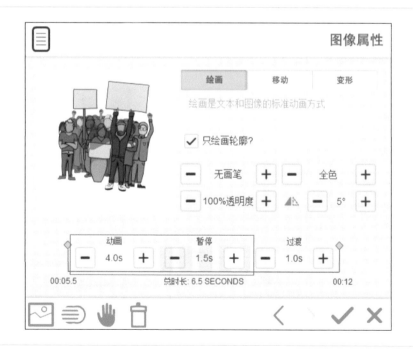

续表

步　　骤	部 分 截 图
（5）将第2帧对象移至左侧，添加新的图像对象并固定镜头位置。 单击"添加文本"按钮，输入文本，设置好字体、颜色等属性，并固定镜头位置，得到第3帧、第4帧	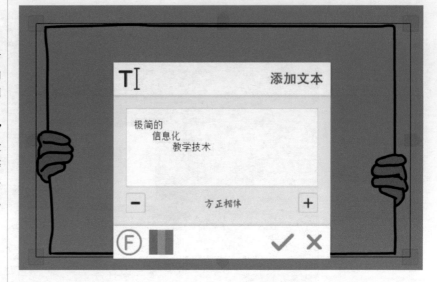
（6）将第4帧对象移至下方，添加新的图像对象并固定镜头位置。 单击"添加文本"按钮，输入文本，设置好字体、颜色等属性，并固定镜头位置，得到第5帧、第6帧	

续表

步　　骤	部 分 截 图
（7）单击"预览播放"按钮,可对制作的影片进行效果预览	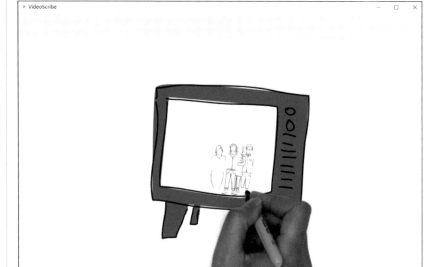
（8）单击"渲染并发布你的视频"按钮,可创建一个视频文件	

续表

步　　骤	部　分　截　图
（9）单击"创建视频文件"按钮，打开相应的对话框，设置好视频文件的格式、分辨率、帧频率及位置后，完成视频文件的导出	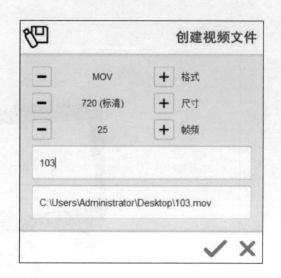

三、任务拓展

此处，我们将对 VideoScribe 的背景音乐和语音旁白进行设置。

步　　骤	部　分　截　图
（1）单击"添加或更改该记录的音频"按钮，可添加库中或本地的一个音频文件作为背景音乐	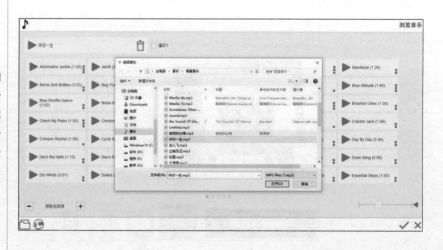

续表

步　　骤	部 分 截 图
（2）单击"添加或更改该记录的画外音"按钮,可逐帧添加语音旁白	

四、任务总结

任务四　GIF 版——ScreenToGif

一、任务导入

ScreenToGif 是一款小而实用的屏幕录制并生成 Gif 动态图片(以下简称"动图")的工具,它仅包括一个主程序文件。

GIF 版——
ScreenToGif

二、任务实施

步　　骤	部 分 截 图
（1）启动 Screen-ToGif 程序,打开相应的操作界面,再单击"录像机"按钮,执行录制功能	

续表

步　　骤	部　分　截　图
（2）打开一个视频文件，再将 ScreenToGif 录制窗口对准视频画面，单击"录制"按钮开始录制，单击"停止"按钮结束录制	
（3）单击"另存为"按钮，再单击文件类型中的 Gif 按钮，设定好文件保存的位置，单击"保存"按钮，即可生成 Gif 动图	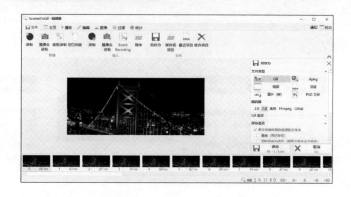
（4）最终在编码器中完成 Gif 动图制作	

三、任务总结

项目 五

视 频 制 作

任务一　ProShow——短视频制作

一、任务导入

ProShow Producer 是一款能制作非常漂亮的电子相册的软件，该软件内置了许多强大的创作工具和快捷键，以及很多强大的功能，用户只需要添加图片背景、音乐背景或者一些解说词，就能制作出专业的、酷炫的电子相册。

ProShow——
短视频制作

二、任务实施

步　骤	部 分 截 图
（1）运行 ProShow 程序，打开软件操作界面，打开新视频创建向导，单击 Create 按钮进入下一个环节	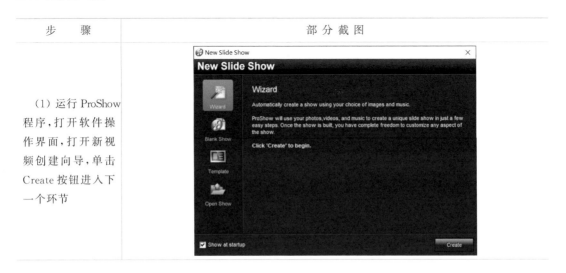

续表

步　　骤	部 分 截 图
（2）第一步：添加图片和视频素材，单击 Next 按钮继续	
（3）调整图片和视频素材的顺序，单击 Next 按钮进入下一步	

续表

步　骤	部 分 截 图
（4）第二步：添加音频素材作为背景音乐，单击 Next 按钮进入下一步	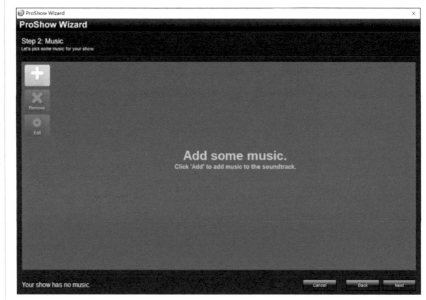
（5）第三步：选择动画、转场效果不同的主题模板，单击 Next 按钮进入下一步	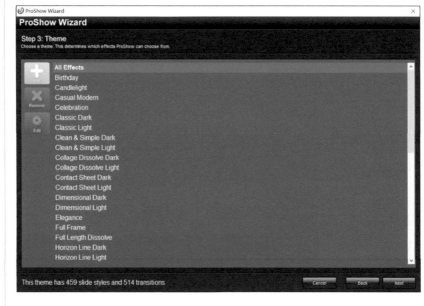

步　骤	部　分　截　图
（6）第四步：设置好输出的文件名、分辨率等参数，单击 Create 按钮继续	
（7）预览视频播放的效果，单击 Next 按钮继续	

续表

步 骤	部 分 截 图
（8）单击 Publish Your Show 按钮，准备进行视频的渲染，单击 Done 按钮进入下一步	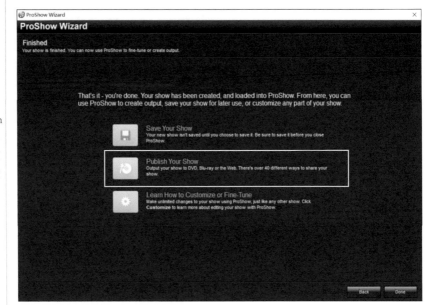
（9）第五步：在发布视频页面选择 Create Video for Anywhere 选项进入下一步	

续表

步　　骤	部　分　截　图
（10）选择 H.264 720p 选项，单击 Create 按钮继续	
（11）对视频进行渲染并输出 MP4 格式的视频文件	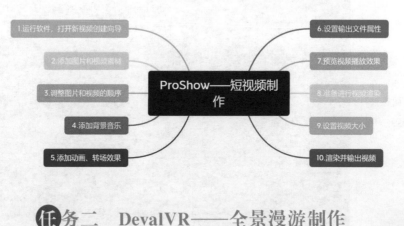

三、任务总结

ProShow——短视频制作

1.运行软件，打开新视频创建向导
2.添加图片和视频素材
3.调整图片和视频的顺序
4.添加背景音乐
5.添加动画、转场效果

6.设置输出文件属性
7.预览视频播放效果
8.准备进行视频渲染
9.设置视频大小
10.渲染并输出视频

任务二　DevalVR——全景漫游制作

一、任务导入

DevalVR——
全景漫游制作

　　DevalVR Player 是当前最常用的全景图播放器，轻巧实用，与 RICOH THETA（理光景达）360°全景相机配合，可呈现图片的 3D 全景漫游效果。

二、任务实施

步　骤	部　分　截　图
（1）运行DevalVR Player程序，打开软件操作界面	
（2）单击"打开"按钮，打开一幅用全景相机拍摄的图片	

续表

步　骤	部　分　截　图
（3）单击左下方的菜单，再单击"持续旋转"按钮，可实现自动巡航	
（4）360°全景漫游定格的一张图片如右图所示	

三、任务总结

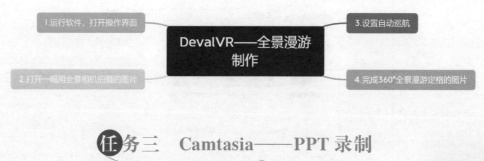

任务三　Camtasia——PPT 录制

一、任务导入

将教学课件录制成视频的方法很多，其中一种方法是 PPT＋Camtasia
组合，它可以帮助你方便地制作移动学习和在线学习资源。

Camtasia——
PPT 录制

二、任务实施

步　　骤	部 分 截 图
（1）打开一个已制作好的 PPT 课件,选择"加载项"菜单,出现 PPT 录制功能图标	
（2）单击"录制"按钮,开始播放 PPT 并进入待录制状态。单击"单击开始录制"按钮,开始录制	
（3）在 PPT 边播放边录制期间,可自动添加语音旁白。 　按 Esc 键可暂停或停止录制	Camtasia PowerPoint 加载项 × 您的演示文稿已结束。您想做什么? 停止录制(S)　继续录制(C) □ 不要再问我(D)

步　　骤	部 分 截 图
（4）进入录像的生成或编辑状态，建议选用"编辑您的录制"选项	
（5）系统自动打开并进入 Camtasia 主程序	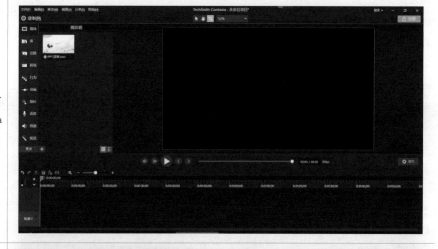
（6）将媒体箱中的对象拖拽至时间轴的轨道，准备视频输出	

续表

步　骤	部 分 截 图
（7）单击右上角的"分享"按钮，进入"生成向导"环节。 选定一个导出视频的文件格式，如"仅 MP4（最大720p）"	
（8）设定文件生成的路径、文件名，单击"完成"按钮进入下一步	

续表

步　　骤	部 分 截 图
（9）进入渲染输出，可将影片以 MP4 格式的视频文件导出	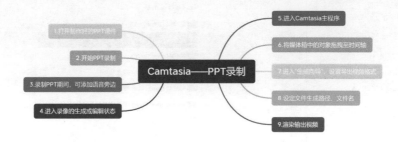

三、任务总结

Camtasia——PPT录制

- 1.打开制作好的PPT课件
- 2.开始PPT录制
- 3.录制PPT期间，可添加语音旁边
- 4.进入录像的生成或编辑状态
- 5.进入Camtasia主程序
- 6.将媒体箱中的对象拖拽至时间轴
- 7.进入"生成向导"，设置输出视频格式
- 8.设定文件生成路径、文件名
- 9.渲染输出视频

任务四　Camtasia——屏幕录制

一、任务导入

基于计算机操作的教学资源大多是采用屏幕录制，Camtasia Recorder、oCam 等都是常见的屏幕录像软件。

Camtasia——
屏幕录制

二、任务实施

步　　骤	部 分 截 图
（1）运行 Camtasia Recorder 程序，打开屏幕录像机。 设置好录制区域，再设定好录制输入的音量。单击 rec 按钮开始屏幕录制操作	捕获(C)　效果(E)　工具(T)　帮助(H) 选择区域　录制输入 全屏　自定义　摄像头 关　音频 开　rec
（2）按 F9 功能键暂停录制，再按一次恢复录制	捕获(C)　效果(E)　工具(T)　帮助(H) 持续时间　音频 0:00:04　删除 恢复 停止

续表

步　　骤	部　分　截　图
（3）按 F10 功能键停止录制并自动启动 Camtasia 主程序，进入屏幕录制视频的编辑状态	
（4）单击 Camtasia 功能面板上的"指针"标签，可在视频上增加一个动态的鼠标移动指示	
（5）单击 Camtasia 功能面板上的"动画"标签，可对录制的视频画面进行放大或缩小	

续表

步 骤	部 分 截 图
（6）单击右上角的"分享"按钮，进入"生成向导"，与本项目的任务三相同，不再赘述	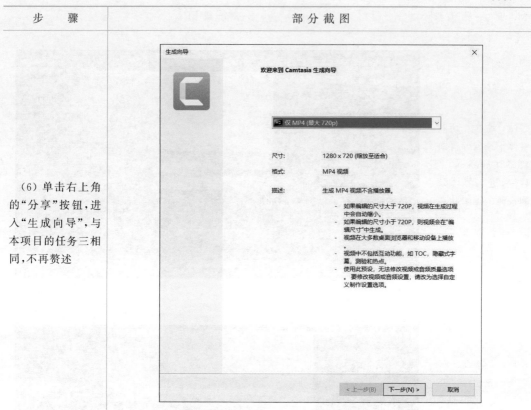

三、任务拓展

此处，我们将介绍 oCam 录屏软件的操作。

步 骤	部 分 截 图
（1）运行 oCam 程序，打开屏幕录像机	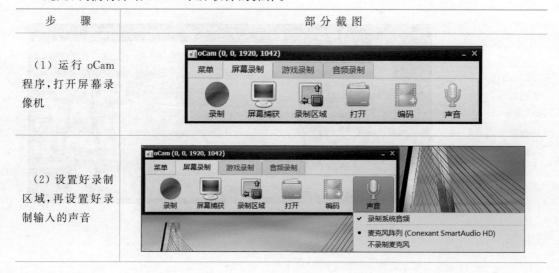
（2）设置好录制区域，再设置好录制输入的声音	

续表

步　骤	部　分　截　图
（3）选择"菜单"→"选项"命令，打开"设置"对话框。 此处可设定录制视频的保存路径	
（4）单击"屏幕录制"按钮，开始屏幕录制，按 F2 功能键停止录制	

四、任务总结

任务五　Camtasia——剪辑、转场、注释

一、任务导入

Camtasia 2018 是一款非线性编辑及录制屏幕动作的专用软件，对图片、音视频的处理功能十分强大且操作简便，是制作视频资源的绝佳工具。

Camtasia——
剪辑、转场、注释

二、任务实施

步　　骤	部　分　截　图
（1）双击 Camtasia 2018 图标，打开软件操作界面	
（2）左侧是功能按钮区域，右侧是属性设置区域，中间为编辑画布区域，下方为时间轴（轨道）区域	

续表

步 骤	部 分 截 图
（3）右击"媒体箱"的空白处，在弹出的下拉菜单中选择"导入媒体"命令，可将图片、音视频导入	
（4）将音频素材拖拽至轨道1上，图片和视频素材拖拽至轨道2上，并按顺序排列	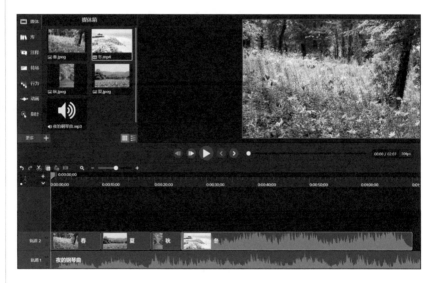

续表

步　骤	部　分　截　图
（5）单击轨道上的素材将其选中，调整尺寸大小，即调整其周边的 8 个控制点，使画布四周无黑边	↓
（6）按住 Ctrl 键，移动"播放头"至轨道 2 的末端，选中轨道 1，单击"分割"按钮，剪掉音频多余的部分，使两个轨道上的素材对齐	

步　　骤	部 分 截 图
（7）右击视频素材，选择"分离音频和视频"命令，保留视频画面，去除视频素材中的原声	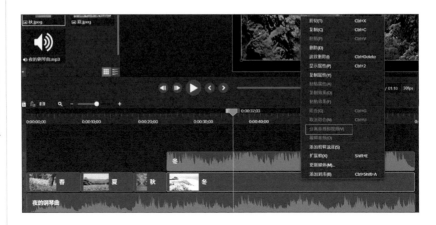
（8）单击"转场"按钮，调出功能面板，再将"转场"特效逐个拖拽至素材的开头、结尾和两两之间，完成素材结合部分的平滑过渡	

续表

步　　骤	部 分 截 图
（9）单击右上角"分享"按钮，进入影片"生成向导"对话框，选定一个导出视频的文件格式，再设定文件生成路径、文件名，单击"完成"按钮	

三、任务拓展

此处，我们将对 Camtasia 2018 的"注释"功能做进一步的探索。

步　　骤	部 分 截 图
（1）单击"注释"按钮，调出功能面板，包括标注、箭头、形状、特殊、按键等	

续表

步　骤	部 分 截 图
（2）使用"标注"文本，可显示文本于画面，同时可在"属性"面板中设置字体、字号、颜色等	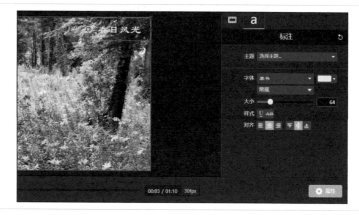
（3）使用"特殊"模糊可显示模糊矩形于画面，同时可在"属性"面板中设置模糊强度的大小	
（4）使用"按键标注"可显示顺序按下的组合键	

四、任务总结

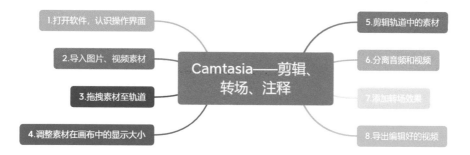

任务六 Camtasia——音频处理

Camtasia——
音频处理

一、任务导入

Camtasia 2018 的音频处理功能十分强大,如降噪、音量调节、淡入淡出、语音旁白等。

二、任务实施

步　骤	部　分　截　图
(1) 运行 Camtasia 软件,导入图片、音频、视频等素材,并将其排列于轨道	
(2) 单击"音频"按钮,调出功能面板,拖拽"降噪"至视频素材上,完成对视频原声的降噪处理	

续表

步 骤	部 分 截 图
（3）右侧"属性"功能面板有对应的"降噪"参数设置，可精细调整	
（4）修剪轨道 1 上音频的长度，将淡入、淡出分别拖拽至其上，看到"梯形"的音频线出现，完成音频的"淡入淡出"效果设置	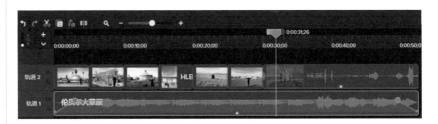

续表

步　骤	部 分 截 图
（5）单击"语音"按钮，调出功能面板，可通过麦克风录制语音旁白。 单击"开始从麦克风录制"按钮，可以边播放视频画面边录制语音旁白，实现音画同步的效果	
（6）单击"停止"按钮，完成语音旁白的录制，并将其存储成一个音频格式的文件	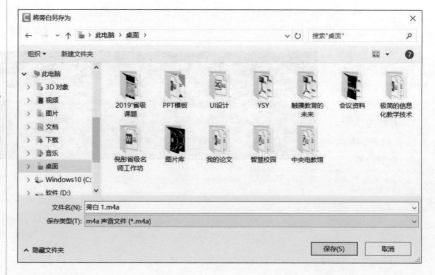

续表

步　　骤	部　分　截　图
（7）语音旁白将自动叠加至时间轴,并形成一个新的轨道	

三、任务总结

1.导入素材并排列于轨道

2.调出"音频"功能面板

3.设置"降噪"功能参数

Camtasia——音频处理

4.为音频添加"淡入淡出"效果

5.录制语音旁白

6.存储录制的语音旁白

7.应用录制好的语音旁白

任务七　Camtasia——动画制作

一、任务导入

以一个电子相册的制作为例,来介绍 Camtasia 的动画制作功能。

Camtasia——
动画制作

二、任务实施

步　　骤	部　分　截　图
（1）在 Camtasia 中导入若干张图片素材,并按顺序将其排列于轨道之上	

步　　骤	部　分　截　图
（2）单击"动画"按钮，调出功能面板，鼠标指向图标可预览预设的动画效果	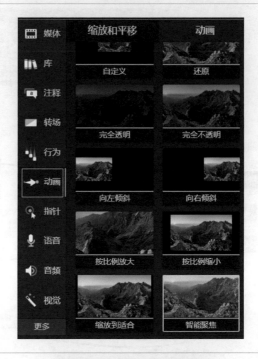
（3）将"自定义"图标分两次拖拽至第一张图片的首和尾。在"属性"面板上进行如下设置。 　　第一个动画箭头起点的"不透明度"为 0％。 　　第二个动画箭头终点的"不透明度"为 0％。 　　从而完成图片"淡入淡出"的动画效果	 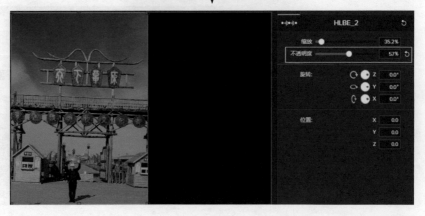

步　　骤	部 分 截 图
（4）将"自定义"图标分两次拖拽至第二张图片的首和尾。在"属性"面板上进行如下设置。 第一个动画箭头起点的"缩放"为1%，"不透明度"为0%。 第二个动画箭头终点的"缩放"为90%（原为45%），"不透明度"为0%。 从而完成图片"自小至大""淡入淡出"的动画效果	
（5）将"自定义"图标分两次拖拽至第三张图片的首和尾。在"属性"面板上进行如下设置。 第一个动画箭头起点："位置X"在左侧画面外，"不透明度"为0%。 第二个动画箭头终点："位置X"在右侧画面外，"不透明度"为0%。 从而完成图片"自左至右"运动、"淡入淡出"动画效果	

信息化教学技术

续表

步　　骤	部 分 截 图
（6）将"自定义"图标分两次拖拽至第四张图片的首尾。在"属性"面板上分别进行如下设置。 第一个动画箭头起点："缩放"为11%，"不透明度"为0%。 第一个动画箭头终点："缩放"为45%，"不透明度"为100%，"旋转Y"为360°。 第二个动画箭头终点："缩放"为11%，"不透明度"为0%，"旋转Y"为0°。 从而完成图片"旋转缩放""淡入淡出"动画效果	
（7）最后一张图片仍可用与前面讲述的相同的方法，从缩放、不透明度、旋转和位置四个维度来设置图片的动画效果，不再赘述	

三、任务总结

Camtasia——动画制作
- 1.导入素材并置于轨道上
- 2.调出动画面板，预览动画效果
- 3.完成"淡入淡出"动画效果
- 4.完成"自小至大"等动画效果
- 5.完成"自左至右"运动等动画效果
- 6.完成"旋转缩放"等动画效果
- 7.完成其他动画效果

任务八 Camtasia——视觉效果

一、任务导入

Camtasia 2018 中最精彩的功能当数视频抠像、快/慢速播放等,这些均可在"视觉"效果中完成。

Camtasia——视觉效果

二、任务实施

步 骤	部 分 截 图
(1) 在 Camtasia 中导入两段视频素材,并将其叠加在轨道上	
(2) 右击轨道 1 上的视频,在弹出的菜单中选中"分离音频和视频"命令,去除视频现场的原声	

步　　骤	部 分 截 图
（3）将播放头移至轨道 2 上视频的末尾，选中轨道 1 上的视频，再单击"分割"按钮，使两段视频"对齐"	
（4）单击"视觉"按钮，打开功能面板，将其上的"删除颜色"图标拖拽至待抠像的轨道 2 视频素材上	
（5）在右侧的"属性"面板上显示"删除颜色"的调整参数，通过"颜色""可接受范围"两项的设定，可完成视频的"去背"操作	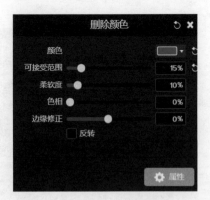

续表

步　　骤	部 分 截 图
（6）单击右侧"属性"面板中的颜色下拉箭头，再单击"吸管"按钮，用吸管在视频的背景上单击，拾取删除的颜色，完成初步抠像效果。 　　再调整"可接受范围"参数，完成精确的抠像效果	
（7）最终完成的视频抠像与背景完美融合	

三、任务拓展

此处，我们将对视频进行快/慢速播放设置，即通常所说的快镜头、慢镜头。

步　　骤	部 分 截 图
（1）在 Camtasia 中导入一段运动会跑步的视频	

续表

步　　骤	部 分 截 图
（2）单击"视觉"按钮，打开功能面板，将其上的"剪辑速度"图标拖拽至视频素材之上，从而打开右侧的"属性"功能面板	
（3）调整右侧"属性"栏中"剪辑速度"选项下的"速度"值，便可实现视频的快/慢速播放	
（4）默认"速度"值为1.00，将其值设置为0.5时，播放时间就从17s变为35s，从而实现视频的慢速播放	

四、任务总结

任务九　Camtasia——加字幕

Camtasia——
加字幕

一、任务导入

Camtasia 自带文字字幕添加功能，且操作简便。

二、任务实施

步　　骤	部 分 截 图
（1）单击"CC字幕"按钮，打开相应的功能面板	
（2）单击"添加字幕"按钮，打开字幕输入对话框，可将外部字幕文本复制、粘贴至此。 注意：字幕文本尽量做到一句话占一行	

步　　骤	部　分　截　图
（3）单击左上角的"同步字幕"按钮，打开同步字幕对话框，再单击"继续"按钮，开始音画同步制作	
（4）在视频播放过程中，单击每句话的第一个字，实现每句话与语音时长相匹配	

续表

步　骤	部　分　截　图
（5）在"文本样式"面板中可设置字幕文本的字体、颜色、字号、对齐方式等	

三、任务总结

任务十　Arctime——专业字幕

一、任务导入

Arctime 是一款简单、强大、高效的跨平台、可视化字幕制作软件，它借助精准的音频波形图，可以快速创建、编辑和生成字幕，在专业领域都有广泛的使用。

Arctime——
专业字幕

二、任务实施

步　骤	部　分　截　图
（1）Arctime 主界面如右图所示	

 信息化教学技术

步　　骤	部 分 截 图
（2）选择"文件"菜单，选择"导入音视频文件"命令，导入一个视频文件，同时，在界面的下方自动生成声音波形	
（3）选择"文件"菜单，选择"导入纯文本"命令，导入一个准备好的字幕文本文件。 注意：在文本文件中，每一句话独占一行	

续表

步 骤	部 分 截 图
（4）导入纯文本文件后预览窗口，单击"继续"按钮进入下一步	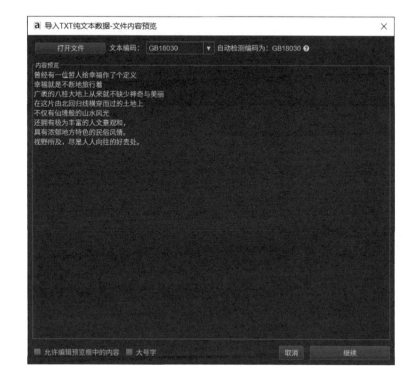
（5）在主界面的右侧出现字幕文本，可对其进行编辑操作	

续表

步　骤	部　分　截　图
（6）单击"快速拖拽创建工具"按钮,准备给视频加字幕	
（7）单击视频"播放"按钮,按语速的时长,用鼠标在波纹线上拖拽,从而完成各行文本字幕的添加	
（8）单击"播放"按钮,即可在编辑软件中查看字幕添加的效果	

步 骤	部 分 截 图
（9）选择"文件"→"保存工程并生成 ASS 字幕"菜单命令，准备在视频中查看字幕添加的效果	
（10）单击"播放"按钮，即可在视频中查看字幕添加的效果	

步　　骤	部 分 截 图
（11）单击"样式与效果"按钮，可对字幕的字体、字号、颜色、阴影、边距等属性进行进一步地设置	
（12）按 Ctrl＋S 组合键保存设置，再单击"播放"按钮，预览新设置的字幕效果	

续表

步　　骤	部 分 截 图
（13）选择"文件"→"视频转码输出/压制"菜单命令，准备输出添加字幕的视频文件	
（14）在"输出视频快速设置"对话框中可设置画质及压制生成视频文件的大小	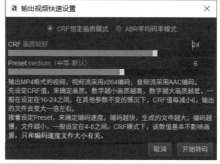
（15）单击"开始转码"按钮，进行字幕和视频文件的转码输出，从而完成在视频文件中添加字幕	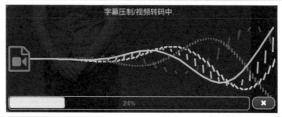

三、任务总结

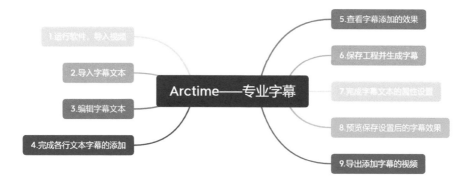

项目六

互动教学

任务一　UMU 课前

一、任务导入

UMU 课前

UMU 是互联网时代创新的互动学习平台,它将即时互动引入课堂,通过连接教室内的各种设备并在屏幕上显示,构建一张彼此连接、互相分享的网,让每个人都能融入、分享和收获,让每个人都有机会深度思考、充分表达。

二、任务实施

步　骤	部 分 截 图
（1）输入网址:umu. cn,打开网页,再单击"登录"按钮,打开登录对话框,可使用微信、SSO 登录网站	**umu** 账户 电子邮箱/手机号/用户名 密码 请输入密码 **登录** 使用非中国大陆手机号码登录　　　忘记密码　免费注册 使用微信登录　　　SSO登录

续表

步　骤	部　分　截　图
（2）在网站首页单击"创建课程"按钮，新建一门课程	
（3）输入课程名称、课程形式、内容分类、课程标签等项目之后，保存设置	

续表

步　　骤	部　分　截　图
（4）进入添加章节和课程小节环节，生成课程访问码，可添加章节、课程小节	
（5）单击"添加课程小节"按钮，先"添加章节"，后"添加课程小节"——文章	

续表

步　骤	部　分　截　图
（6）"添加课程 小节"——作业	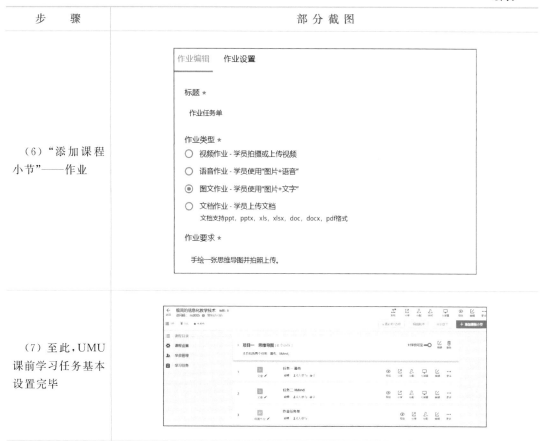
（7）至此，UMU 课前学习任务基本 设置完毕	

三、任务拓展

此处，我们将以语音微课、视频的添加操作为例，对 UMU"添加课程小节"功能做进一步的探索。

步　骤	部　分　截　图
（1）单击"添加 课程小节"按钮，打 开相应的对话框	

步　　骤	部　分　截　图
（2）单击"语音微课"按钮，可上传讲稿并录制语音	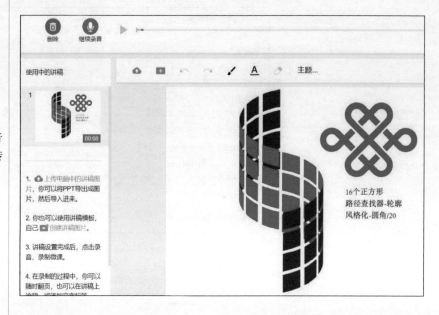
（3）添加微课名称及基本积分等，完成"语音微课"制作	

续表

步　骤	部　分　截　图
（4）单击"视频"按钮，可上传 MP3 或 MP4 等格式的音视频文件	
（5）添加视频课程名称及基本积分等，完成"视频"微课制作	

四、任务总结

任务二 UMU课中

一、任务导入

课中互动环节的设置可大大提高课堂的活跃度,增强互动性。UMU的课中互动环节设置十分精彩,主要包括签到、讨论、拍照、考试、问卷等。

UMU课中

二、任务实施

步　骤	部　分　截　图
（1）单击"添加课程小节"按钮,打开相应的对话框	添加互动环节 问卷　签到　提问　讨论　拍照 考试　作业　抽奖　游戏
（2）单击"签到"按钮,进入签到考勤项目设置,删除其他选项,仅保留Q1姓名	考勤 Q1. 您的姓名是? 移动 复制 删除 单选题　多选题　开放式　数值型 只有这道题的信息会展示在大屏幕上 高级设置 必填 + 添加问题　+ 添加段落说明 完成

续表

步　骤	部　分　截　图
（3）在"签到"环节可设置基本积分、二维码防作弊等	
（4）返回"我的课程"界面，单击"签到"环节的"大屏幕"按钮，出现扫码签到界面	
（5）"提问"是为了高效收集问题，通过学员共同提问、彼此点赞，聚焦共性问题。 　在"添加课程小节"时，单击"提问"按钮，进入"思考题"类的环节设置。 　单击"完成"按钮返回"我的课程"界面	

第（3）行截图内容：

标题 ★

考勤

∧　签到设置

是否必修　⊙ 必修　○ 选修

小节基本积分

+ 10　　　　　基本分 10 × 1

当前小节的默认基本积分系数为1，改变数字将增加或降低该小节在课程中小节的积分权重。
例：基本分10x 小节基本积分系数3 | +30（小节完成后获得3倍基本积分）

小节类型标签　　　　　　　　　预览

最多输入8个字

审核方式　⊙ 自动审核　○ 手动审核

二维码防作弊模式　○ 开启　⊙ 关闭

学员使用小程序签到　⊙ 开启　○ 关闭

签到成功提示语　　感谢您的参与！

第（4）行截图内容：

∧umu 极简的信息化教学技术

请扫码签到或手机浏览器输入
377245.umu.cn

第（5）行截图内容：

标题 ★

思考题

∨　提问设置

提问说明

文本编辑　图文编辑

14px A ▾ B

Q1.　黄山位于哪个省?　　移动　复制　删除

续表

步　　骤	部　分　截　图
（6）单击提问环节的"大屏幕"按钮，可扫描二维码参加答题并展示结果	
（7）"讨论"是集思广益，找到优质的发言。 　　在"添加课程小节"时，单击"讨论"按钮，进入"讨论题"设置环节。 　　单击"完成"按钮返回"我的课程"界面	
（8）单击讨论环节的"大屏幕"按钮，可扫描二维码参加答题并展示结果	

步　　骤	部　分　截　图
（9）在"添加课程小节"时，单击"问卷"按钮，进入投票设置环节。 　　单击"完成"按钮返回"我的课程"界面	
（10）单击问卷调查环节的"大屏幕"按钮，可扫描二维码参加投票并展示结果	

三、任务拓展

UMU可轻松发起在线考试，支持单选题、多选题、开放式问题。

步　　骤	部 分 截 图
（1）在"添加课程小节"时，单击"考试"按钮，进入在线考试设置环节	考试编辑　考试设置 问题总数：　　满分： 标题 * 小测验 **＋ 添加问题**　＋ 添加段落说明　从题库添加　批量添加问题　题库随机模式
（2）单击"添加问题"按钮，先出第1题——单选题，分值为30	Q1.　与PPT最类似的教学技术是：　🎤 🎥 🖼 X^2　移动　复制　删除 ⊙ 单选题　○ 多选题　○ 开放式问题 A.　Flash　🖼 X^2 ＋ － B.　Focusky　🖼 X^2 ＋ － C.　Internet　🖼 X^2 ＋ － D.　Camtasia　🖼 X^2 ＋ － E.　点击创建选项，回车自动创建下一个选项　🖼 X^2 ＋ － 正确答案 Focusky 分值/满分　　难度 30　　/30　中

续表

步　骤	部 分 截 图
（3）再出第2题——多选题，分值为50	问题总数：2　满分：80 Q2.　PPT的功能插件有：　🎤 🎥 🖼 X² 移动 复制 删除 单选题　🔄 多选题　开放式问题 A. OK　🖼 X² ＋ － B. iSlide　🖼 X² ＋ － C. Arctime　🖼 X² ＋ － D. PA　🖼 X² ＋ － E. 点击创建选项，回车自动创建下一个选项　🖼 X² ＋ － 正确答案 OK / iSlide / PA 分值/满分　难度 50　/80　中
（4）再出第3题——开放式问题，分值为20，满分100	问题总数：3　满分：100 Q3.　全国职业院校技能大赛教学能力比赛的主办单位是：　🎤 🎥 🖼 X² 移动 复制 删除 单选题　多选题　🔄 开放式问题 标准答案（选填） 设置一个或多个标准答案，学员提交的答案和任何一个标准答案一致则自动得分，否则不得分；不设置标准答案时，学员提交答案后不会立即得分，需您手动给学员评分。 教育部　＋ － 或 国家教育部　＋ － 或 职成司　＋ － 或 若有多个标准答案，回车自动创建下一个答案　＋ － 分值/满分　难度 20　/100　中

步　骤	部 分 截 图
（5）单击"完成"按钮返回"我的课程"界面	
（6）单击小测验环节的"大屏幕"按钮，可扫描二维码参加考试并展示结果	

四、任务总结

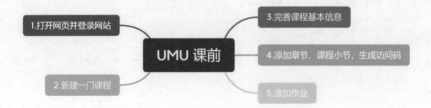

第二部分　移　动　类

项目一

APP

任务一 语音转文字——讯飞语记

语音转文字——
讯飞语记

一、任务导入

讯飞语记是一款将语音转换成文字的云笔记。

二、任务实施

步　　骤	部　分　截　图
（1）在手机应用市场中查找"讯飞语记"APP，下载并安装	

续表

步　骤	部分截图
（2）单击"讯飞语记"图标，打开应用程序，单击"录音"图标，进入录音界面	
（3）单击"录音"按钮，开始说话，语音将自动转换成文字	
（4）单击"键盘"按钮，可以通过键盘输入标点符号并对识别有误的文字进行修改	

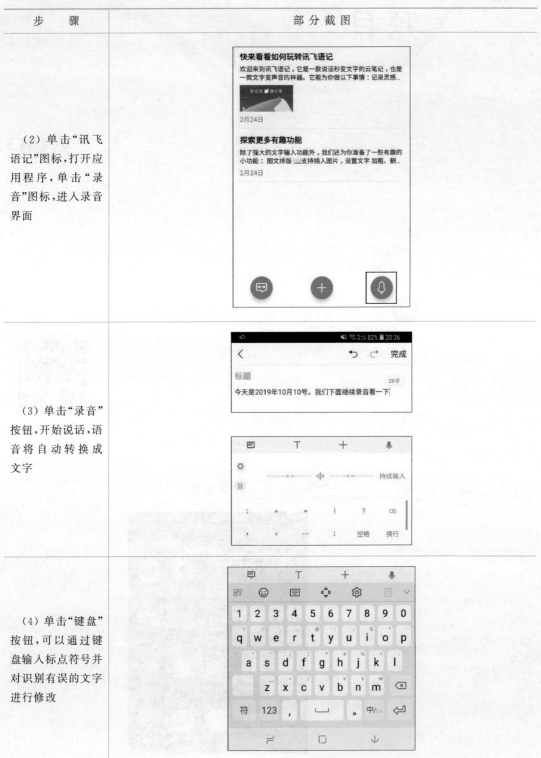

续表

步　　骤	部　分　截　图
（5）单击"T"按钮可对输入的文字进行排版；单击"＋"按钮，可以在文字中插入图片等其他对象	
（6）单击右上角的"完成"按钮，可以将转换好的文字内容发布到微信或QQ等	

三、任务总结

1.下载安装APP
2.打开软件，进入录音界面
3.将语音转换成文字

语音转文字——讯飞语记

4.对转换的文字进行修改
5.在文字中插入其他对象
6.将转换的文字内容发布

任务二 思维导图——幕布（Mubu）

思维导图——
幕布（Mubu）

一、任务导入

幕布有两个版本，PC版（网页版）和移动版，此处以移动版幕布操作为例进行介绍。

二、任务实施

步　骤	部　分　截　图
（1）在手机应用市场中查找"幕布"APP，下载并安装	幕布　希沃传屏　ApowerMirror　腾讯微云　学习强国 学习通　UMU互动　Office Lens　中国人寿寿险　智能管理器 腾讯课堂　滴滴出行　101教育PPT　超级截图录屏大师　讯飞语记
（2）单击"幕布"图标，打开应用程序	全部文档　Q　… 基础&平面　9月1日21:32 其他　8月19日17:03 影视后期　8月19日17:02 教学能力比赛　8月19日16:55

续表

步　　骤	部 分 截 图
（3）单击右下角的"新建"按钮，新建文档或文件夹。 　　逐行输入文本，可设置文本属性、插入图片等	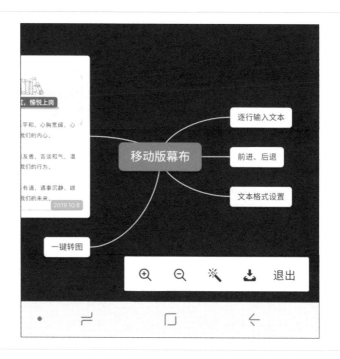
（4）单击"查看思维导图"按钮，可将文档一键转换为思维导图	

续表

步　　骤	部 分 截 图
（5）单击"分享文档"按钮，可将制作好的"幕布"分享到朋友圈或 QQ 等	

三、任务总结

任务三　手机投屏——希沃传屏

一、任务导入

希沃传屏是一款基于无线网络实现多平台移动终端与接收端无线传屏的应用软件。通过运行在移动终端的应用，可以实现与接收端传屏幕、传音视频、传照片、传文档、桌面同步等功能。

手机投屏——
希沃传屏

二、任务实施

步　骤	部 分 截 图
（1）安装 PC 端软件并运行	
（2）安装移动端 APP 并运行，输入连接码，连接成功。 注意：要确保 PC 端、移动端处于同一个 Wi-Fi 网段	

续表

步　　骤	部　分　截　图
（3）手机界面投射到 PC 端或投影仪上的效果	

三、任务总结

手机投屏——希沃传屏

1.安装PC端软件并运行

2.安装移动端APP

3.运行APP，输入连接码

4.连接PC端，手机屏幕投射到PC端

任务四　手机扫描——Office Lens

一、任务导入

Office Lens 是微软发布的一款办公 APP，就像口袋中的扫描仪，可以捕获文档、白板、照片、名片等。

手机扫描——
Office Lens

二、任务实施

步　　骤	部 分 截 图
（1）下载并安装移动端 Office Lens APP	
（2）单击 Office Lens 图标，进入程序界面，拍摄角度可任意，只要红色方框框选住书的封面即可，按下"拍摄"按钮	

续表

步　　骤	部 分 截 图
（3）捕捉图片并作自动扭曲纠正	
（4）可将图片存储于本机的"库"中	
（5）最终完成图片的精确捕捉	

三、任务总结

任务五 手机录屏——超级截图录屏大师

一、任务导入

手机录屏——超级
截图录屏大师

"超级截图录屏大师"是一款免费的安卓截图录屏 APP,可以一键截屏和录制手机屏幕,支持录制热门游戏、视频聊天、视频直播、教学视频等。

二、任务实施

步 骤	部 分 截 图
（1）下载并安装"超级截图录屏大师"APP	

续表

步　　骤	部　分　截　图
（2）单击"超级截图录屏大师"图标，进入程序界面，单击"录制"按钮开始手机录屏；单击"停止"按钮结束手机录屏	
（3）录制完成可单击"查看"按钮并最终以 MP4 格式的文件保存于本地	

三、任务总结

任务六　手机下载——QQ 浏览器

一、任务导入

手机 QQ 浏览器是腾讯科技基于手机等移动终端平台推出的一款适合WAP、WWW 网页浏览使用的 APP，具有强大的网页视频下载功能。

手机下载——
QQ 浏览器

二、任务实施

步　　骤	部 分 截 图
（1）下载并安装"QQ 浏览器"APP	
（2）用其他浏览器打开一个准备下载视频的网页并复制网址	

续表

步　　骤	部 分 截 图
（3）在手机 QQ 浏览器上粘贴网址并打开网页，在视频右侧会出现"下载"按钮	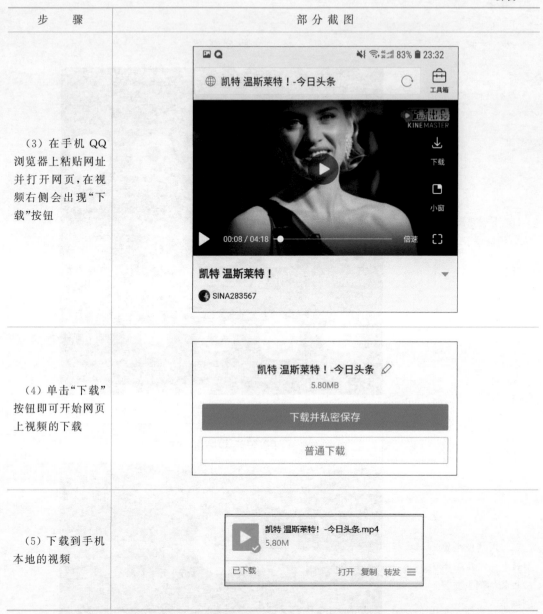
（4）单击"下载"按钮即可开始网页上视频的下载	凯特 温斯莱特！-今日头条　✐ 5.80MB 下载并私密保存 普通下载
（5）下载到手机本地的视频	凯特 温斯莱特！-今日头条.mp4 5.80M 已下载　　　　　　打开 复制 转发 ☰

三、任务总结

任务七 手机短视频制作——快影

一、任务导入

快影 APP 是一款功能强大、操作简单的手机视频制作软件,具有智能语音识别功能,特别适合用于 30 秒以上的视频制作,能轻松完成视频编辑、创意、输出。

手机短视频
制作——快影

二、任务实施

步　　骤	部　分　截　图
(1)下载并安装"快影"APP	
(2)单击"快影"图标,打开相应的主页	

步　　骤	部　分　截　图
（3）单击"文字视频"按钮，进入其创作页面，以语音转文字视频制作为例进行介绍。 单击"实时录音"按钮，开始制作	
（4）单击"录音"按钮，进入语音录制，再单击此按钮，可暂停语音录制，单击"完成"按钮，结束语音录制	

续表

步　　骤	部 分 截 图
（5）进入"文字视频"编辑界面，可对封面、片尾以及语音识别的每行文字进行编辑，编辑完毕单击"导出"按钮	
（6）生成的文字视频已保存于本地相册，可将其分享至微信朋友圈或QQ，完成制作	

三、任务拓展

步　　骤	部 分 截 图
（1）打开"快影"主页，单击"剪辑"按钮，可对本地下载或拍摄的视频进行非线性编辑	
（2）在"剪辑"界面可对视频进行多重编辑	

步　　骤	部　分　截　图
（3）单击"剪辑"按钮，出现相应的工具栏，其上包括添加（视频）、分割、变速、旋转等功能按钮	
（4）单击"修饰"按钮，出现相应的工具栏，其上包括感动、疑问、小小喵等功能按钮	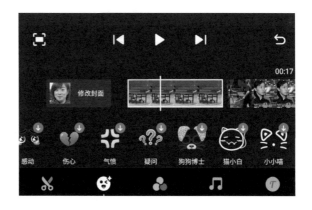
（5）单击"色彩"按钮，出现相应的工具栏，其上包括怦然心动、芳华、小森林等功能按钮	

续表

步　　骤	部 分 截 图
（6）单击"音乐"按钮，出现相应的工具栏，其上包括视频原声、音乐、音效、配音等功能按钮	
（7）单击"文本"按钮，出现相应的工具栏，其上包括自动识别、添加文本等功能按钮	
（8）单击"导出"按钮，可将本地生成的视频分享至微信朋友圈或 QQ，完成制作	

三、任务总结

任务八　学习通课前

一、任务导入

学习通是基于微服务架构打造的课程学习、知识传播与管理分享平台。它集知识管理、课程学习、专题创作、办公应用于一体,为学习者提供一站式学习与工作环境。

学习通课前

二、任务实施

步　骤	部　分　截　图
（1）下载并安装"学习通"APP,学习通对个人或单位均开放注册,注册一个账号以方便使用	

续表

步　　骤	部 分 截 图
（2）单击"我"进入个人主页，单击"课程"将进入课程列表	**我** 倪彤 待办事项 课程 收藏 小组 笔记本 云盘 设置 电脑端：i.chaoxing.com
（3）单击课程列表右上角的"＋"按钮，新建课程，输入课程名称、上传课程封面（拍照或自相册选择），单击右上角的"完 成"按钮，就创建了一门课程	**新建课程**　　完成 极简的信息化教学技术 上传封面 用示范教学包建课 ↓ **极简的信息化教学技术**　设置 教案　章节　资料　通知 作业　考试　讨论　统计 班级　　　　　　　　　　＋ 默认班级 学生：0

续表

步　　骤	部 分 截 图
（4）创建好课程后，可单击"＋"按钮添加多个班级，学习通支持一课多班。 输入班级名称并单击"完成"按钮，建班成功并显示班级邀请码	
（5）单击"投屏"按钮，在 PC 端输入网址及投屏码，再单击"扫码进班"按钮，学生就可使用学习通或微信扫描二维码进入班级	 

步　　骤	部 分 截 图
（6）单击"通知"按钮，编辑通知内容，单击"完成"按钮即可将通知分发给指定的班级	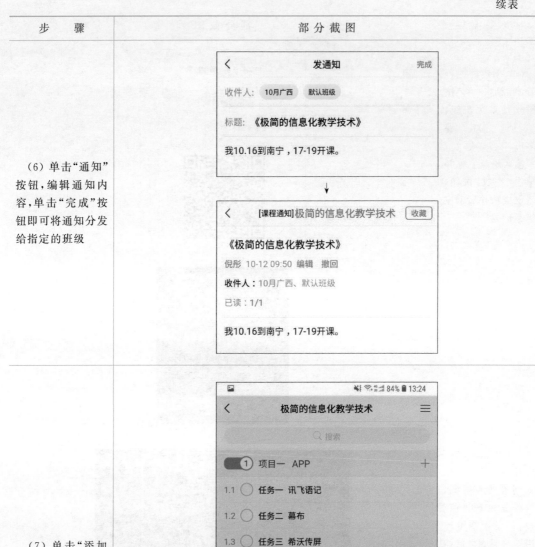
（7）单击"添加章节"按钮，开始添加课程目录	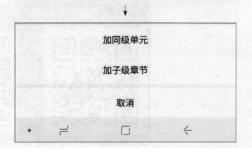

续表

步　　骤	部 分 截 图
（8）单击"教案"按钮可通过计算机或云盘等上传PPT课件。 以"电脑上传"课件为例	
（9）单击"资料"按钮可上传图片、文件、视频等教学资源	

三、任务总结

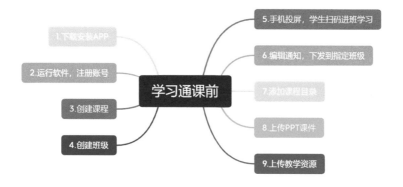

任务九　学习通课中

一、任务导入

学习通课中

学习通的课中互动环节非常精彩,主要包括签到、计时器、抢答、主题讨论、拍摄、问卷、投票、分组任务、直播等环节。

二、任务实施

步　骤	部 分 截 图
（1）学习通活动库中的内容	〈　　活动　　　　　　　　　　活动库 签到　　投票　　选人　　抢答 主题讨论　　测验　　拍摄　　问卷 评分　　分组任务　　计时器　　直播 学生反馈　　通知　　白板

续表

步　骤	部 分 截 图
（2）单击"签到"按钮，出现四种签到模式，以"手势"为例，设置活动时长，单击"立即开始"按钮	
（3）单击"问卷"按钮，可选择题型、设置活动时长，编辑问卷完毕，单击"立即开始"按钮	

续表

步　　骤	部　分　截　图
（4）单击"抢答"按钮，设置活动时长，编辑抢答题完毕，单击"发起抢答"按钮	＊！ 📶 25% 🔋 23:34 〈　　　　抢答　　　　设置 幕布能否分享二维码？｜　　📷 发起抢答 保存 ●　⇄　▢　←
（5）单击"主题讨论"按钮，设置活动时长，编辑讨论题完毕，单击"立即开始"按钮。 　　参与者的回复将同步显示在大屏幕上，单击"词云"按钮，将展示讨论中出现的高频词	〈　　　主题讨论　　　设置 手机能否进课堂？ 　　　　　　　　　　📷 保存　　　立即开始 ↓ 〈　　极简的信息化教学技术　　结束 🔍 搜索 👤 倪彤 10-12 23:40 回复:0 阅读:1 删除 编辑 手机能否进课堂？　　　　词云 👍 评分

续表

步　　骤	部　分　截　图
（6）单击"测验"按钮，可选择题型、设置每题积分、活动时长，编辑试题完毕，单击"立即开始"按钮	

续表

步　骤	部 分 截 图
（7）单击"计时器"按钮，设置好倒计时或正计时的时长，编辑时长完毕，单击"开始计时"按钮	倒计时　正计时 0分钟 1分钟 2分钟　　0秒 3分钟　　1秒 4分钟　　2秒 5分钟　　3秒 开始计时 保存
（8）单击"分组任务"按钮，可选择题型，设置"任务描述""分组方式""评价设置""任务时长"，设置完毕单击"立即开始"按钮。 大屏幕实时展示各组提交的结果，教师可对各组结果进行评判	分组任务 任务描述　　　　查看详情 > 分组方式　　　　固定分组 > 评价设置　　　　综合评价 > 任务时长　　　　2分钟 ∨ 保存　　　立即开始 ↓ 评价设置　　　确定 总权重100%才可发放，当前总和100% 1.教师评价　　　　　60 % 2.组内互评　　　　　0 % 3.组间互评　　　　　30 % 4.自评　　　　　　　10 %

三、任务总结

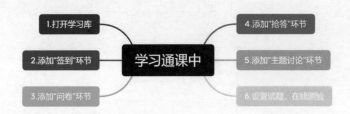

任务十 学习通课后

一、任务导入

学习通的课后环节主要包括作业布置、大数据统计等,教师可精准地分析和掌握学情,以学定教。

学习通课后

二、任务实施

步　　骤	部 分 截 图
（1）在学习通的课程界面显示了作业、考试、统计等环节	‹ 极简的信息化教学技术 设置 教案　章节　资料　通知 作业　考试　讨论　统计 班级 ＋ 10月广西 学生：0
（2）作业有单选题、多选题、填空题、判断题、简答题等多种题型可选。 单击"作业"→"新建作业"按钮,输入作业名称,单击"下一步"按钮,可从题库中选题,也可自编习题,设置完毕单击"完成创建"按钮,作业入库。 在作业库中单击"发布"按钮,设置作业完成时间等,设置完毕单击"开始"按钮,可将作业发布到指定的班级	‹ 作业20191013 预览 第1题 单选题 ∨ 题库 目前Adobe的视频非编软件是: ⊕ ◎ ⬤ ○ A: ps ⬤ B: pr ○ C: cs ○ D: ae ○ E: ＋添加选项 继续创建下一题 完成创建 ‹ 发放设置 开始 标题：作业20191013 未达到 60 分将自动打回重做 作业未达到及格分数将自动打回,学生需重新提交 开始时间 2019年10月13日12时29分 ∨ 截止时间 2019年10月14日13时29分 ∨ 学生提交后可查看答案 作业截止后学生可以查看答案 允许学生补交 学生重做时显示上一次答题对错 ● 填空题答案不区分大小写 ● 题目乱序 多选题未选全时给一半分 发放对象 ∧ ◎ 10月广西

续表

步 骤	部 分 截 图
（3）单击"考试"→"新建试卷"按钮，输入试卷名称，单击"下一步"按钮，可从题库中选题，也可自编试题，设置完毕单击"完成试卷创建"按钮，试卷入库。 在试卷库中单击"发放"按钮，设置考试时间等，设置完毕单击"发放"按钮，可将考试试卷发放到指定的班级	

续表

步　骤	部　分　截　图
（4）单击"统计"按钮，进入相应的界面，包括课堂报告、学情统计、成绩统计三项。 班级学生签到率、本月访问量、学生综合成绩等大数据清晰明了	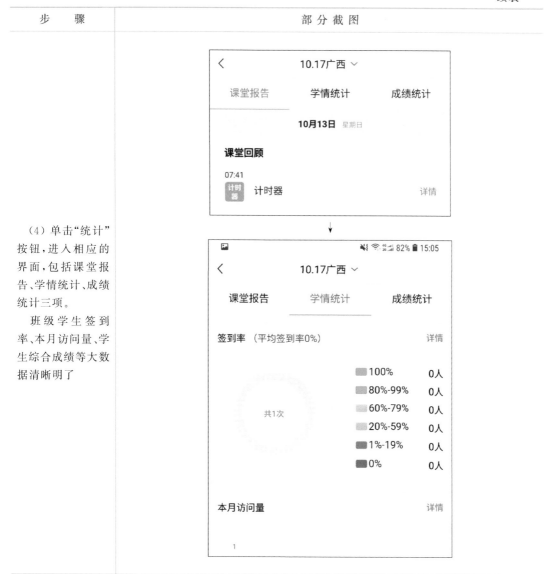

三、任务总结

项目二

小 程 序

　　小程序是指微信公众平台小程序,是一种不需要下载安装即可使用的应用,它实现了应用"触手可及"的梦想,用户通过扫一扫或者搜索即可打开应用。小程序体现了"用完即走"的理念,用户不用担心安装太多应用的问题。

任务一　OCR 文字识别——传图识字

OCR 文字识别——
传图识字

一、任务导入

　　在人工智能时代,OCR 文字识别帮你实现以图识字、得你所见。

二、任务实施

步　　骤	部 分 截 图
（1）打开微信,单击"发现"→"小程序"按钮,输入"传图识字",在搜索的结果中单击第一个	传图识字 … ◎ 选择图片文字类型 通用印刷字体 已选择 ✓ 手写/特殊字体 点击切换 通用表格识别 点击切换 帮助反馈　使用演示 开始拍摄 从相册选择 >　从聊天中选择 >

续表

步　　骤	部　分　截　图
（2）单击"开始拍摄"按钮，对准要识别的文字拍摄，单击"导出/转发"按钮	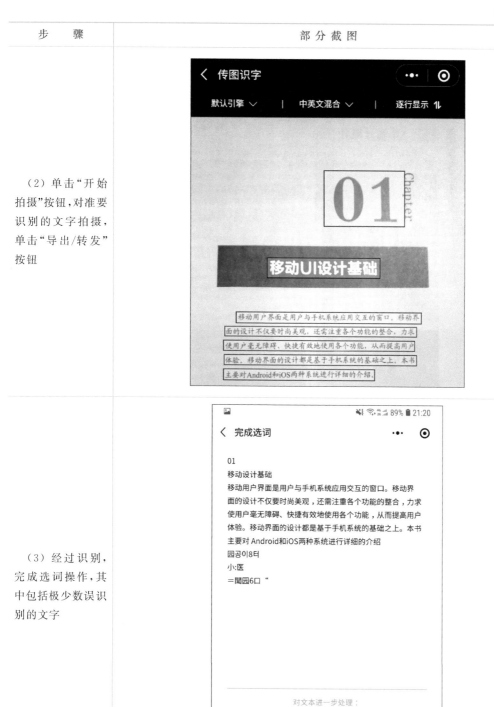
（3）经过识别，完成选词操作，其中包括极少数误识别的文字	

续表

步　骤	部　分　截　图
（4）单击"复制文字"按钮，将已识别好的全部文字粘贴到剪贴板	
（5）已识别的文字可以纯文本方式用于其他各处	

三、任务总结

任务二 斗图神器——黑咔相机

一、任务导入

在黑咔相机小程序里,用户可以体验魔幻天空、嘿表情、魔法天空等几十种模式和玩法,将 2D 图片转为 3D 动画,仅需 10 秒左右,极大地增强了教学资源的趣味性。其中,"嘿表情"可以转换自动生成多种趣味小视频,单击保存后可免费下载至手机,并能方便地转发至微信朋友圈。

斗图神器——
黑咔相机

二、任务实施

步 骤	部 分 截 图
(1) 打开微信,单击"发现"→"小程序"按钮,输入"黑咔相机",在搜索的结果中单击第一个	

步　　骤	部 分 截 图
（2）单击"嘿表情"按钮，这是让静态图片开口说话，选择其中的一个模板	
（3）上传一张自己的正面照片，开始人脸识别并生成视频。视频可下载到本地或分享给微信好友	

续表

步　　骤	部　分　截　图
（4）单击"魔法天空"按钮，打开模板页，可在 1 秒钟内让图片中的天空动起来	
（5）上传自己拍摄的一张有天空背景的照片，开始天空识别并生成视频。视频可下载到本地或分享给微信好友	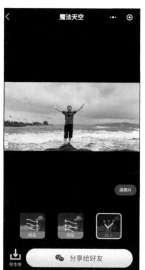

三、任务总结

任务三　动态相册——小年糕＋

一、任务导入

"小年糕＋"小程序的主要功能是一键将照片生成电子相册,它功能强大、操作简便。

动态相册——
小年糕＋

二、任务实施

步　骤	部 分 截 图
（1）打开微信,单击"发现"→"小程序"按钮,输入"小年糕＋",在搜索的结果中单击第一个	

续表

步　骤	部 分 截 图
（2）单击"制作影集"按钮，打开相应的页面，选择其中的一个模板	
（3）单击"做影集"按钮，开始上传照片、背景音乐及字幕	

步　骤	部 分 截 图
（4）单击"提交制作"按钮,确认背景音乐及模板,单击"确认"按钮	
（5）预览制作好的电子相册,视频可下载到本地或分享给微信好友	

三、任务总结

任务四　文字转语音——讯飞快读

一、任务导入

"讯飞快读"小程序具有拍文读字、网页朗读、粘贴/输入文字等功能,还可以制作成 MP3 格式的音频文件,随时随地,读你想听的。

文字转语音——
讯飞快读

二、任务实施

步　骤	部 分 截 图
（1）打开微信,单击"发现"→"小程序"按钮,输入"讯飞快读",在搜索的结果中单击该程序	

续表

步 骤	部 分 截 图
（2）单击"传图读字"按钮，打开相应的页面，上传一张带文字的图片，系统将自动识别文本	
（3）单击"朗读文字"按钮，进入朗读保存环节，可对文字重新编辑排版。 生成的音频文件可下载到本地，也可分享给微信好友或 QQ 好友	

三、任务总结

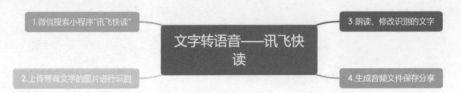

任务五　发现更美的自己——标准证件照

一、任务导入

"标准证件照"小程序采用 AI 技术,在几秒钟内就能一键生成上百种规格的证件照。

发现更美的自己
——标准证件照

二、任务实施

步　骤	部 分 截 图
（1）打开微信,单击"发现"→"小程序"按钮,输入"证件照",在搜索的结果中单击第一个	证件照　　…⊙ 拍摄证件照 拍摄或选择照片,自助制作证件照 团体拍照 团体组织拍照,批量下载照片
（2）单击"拍摄证件照"按钮,打开"证件照规格"界面,选择其中的一个尺寸规格,例如:一寸	‹　证件照规格　　…⊙ 一寸　　　　搜索 一寸　　　　二寸 25x35mm　　35x49mm 学籍照片　　保险执业证 358x441(350dpi)　210x370（10-25K） 常规尺寸　　签证 自定义像素　　半身职业照 个性化定制

续表

步　骤	部　分　截　图
（3）单击"相册选择"或"相机拍照"按钮，开始上传照片	
（4）选择好证件照的背景色，单击"下载照片"按钮，完成制作	

三、任务总结

任务六　快速识别植物——识花君

一、任务导入

"识花君"小程序可拍照识花，智能识别花草名称，并可下载到本地或在线分享给微信或 QQ 的朋友。

快速识别植物
——识花君

二、任务实施

步　　骤	部 分 截 图
（1）打开微信，单击"发现"→"小程序"按钮，输入"识花"，在搜索的结果中单击第一个	
（2）单击"拍照识花"按钮或从相册中选择一张鲜花图片，开始智能识别并显示结果	

续表

步　　骤	部 分 截 图
（3）单击"分享花草美图"按钮，可下载美图，也可分享至网络	

三、任务总结

参 考 文 献

[1] 信息化教学指导委员会赛事委员会.全国职业院校信息化教学大赛部分优秀作品点评[M].北京：高等教育出版社,2016.

[2] 河南省职业技术教育教学研究室.信息化教学能力提升教程[M].北京：北京师范大学出版社,2018.

[3] 孙方.PowerPoint!让教学更精彩：PPT 课件高效制作[M].北京：电子工业出版社,2015.